公路工业化建造书系

公路桥涵结构工业化建造技术体系研究与应用
——安徽高速公路工业化建造实践

RESEARCH AND APPLICATION OF
INDUSTRIAL CONSTRUCTION TECHNOLOGY SYSTEM FOR
HIGHWAY BRIDGE AND CULVERT STRUCTURES

胡 可 郑建中 包叶波 刘志权 等／著

人民交通出版社
北京

内 容 提 要

本书基于安徽省高速公路工业化建造实践,从公路工业化建造评价要素、公路桥涵结构精细化计算方法、公路桥涵轻型化结构体系、数字化管控平台开发与智能建造技术等方面,系统介绍了公路桥涵结构工业化建造技术体系研究与应用。

本书读者对象主要为公路工程、桥梁工程及相关专业工程技术人员,也可供对此领域有兴趣的读者参考。同时,书中给出了理论推导、数值模拟和试验研究的相关内容,可供土木工程专业的学生和科研人员阅读。

图书在版编目(CIP)数据

公路桥涵结构工业化建造技术体系研究与应用:安徽高速公路工业化建造实践 / 胡可等著. — 北京:人民交通出版社股份有限公司, 2024.12. — ISBN 978-7-114-19714-7

I. U448.145.2

中国国家版本馆 CIP 数据核字第 20243GZ146 号

公路工业化建造书系

Gonglu Qiaohan Jiegou Gongyehua Jianzao Jishu Tixi Yanjiu yu Yingyong——Anhui Gaosu Gonglu Gongyehua Jianzao Shijian

书　　名	公路桥涵结构工业化建造技术体系研究与应用——安徽高速公路工业化建造实践
著　作　者	胡　可　郑建中　包叶波　刘志权　等
责任编辑	李　娜
责任校对	赵媛媛　龙　雪
责任印制	刘高彤
出版发行	人民交通出版社
地　　址	(100011)北京市朝阳区安定门外外馆斜街 3 号
网　　址	http://www.ccpcl.com.cn
销售电话	(010)85285857
总　经　销	人民交通出版社发行部
经　　销	各地新华书店
印　　刷	北京建宏印刷有限公司
开　　本	787×1092　1/16
印　　张	8.25
字　　数	200 千
版　　次	2024 年 12 月　第 1 版
印　　次	2024 年 12 月　第 1 次印刷
书　　号	ISBN 978-7-114-19714-7
定　　价	78.00 元

(有印刷、装订质量问题的图书,由本社负责调换)

《公路桥涵结构工业化建造技术体系研究与应用——安徽高速公路工业化建造实践》

编委会

主　　编：胡　可

副 主 编：郑建中　包叶波　刘志权

编　　委：朱　玉　吴建民　王胜斌　乔永和
　　　　　　方　圆　邵　虎　马祖桥　于春江
　　　　　　曹　皓　何金武　齐运书　刘文庆
　　　　　　刁　凯　刘　欣　曹光伦　吴康宁
　　　　　　徐　栋　唐国喜　席　进　梁长海
　　　　　　杨大海　杨　凯　李景丰　韩　磊
　　　　　　唐建亚　卢　禹

主编单位：安徽省交通控股集团有限公司

序

　　工业化建造是以现代化的制造、运输、安装和科学管理的建造方式,替代传统粗放式、高消耗、低效率的建造方式。目前,我国的公路建设正处于由传统产业向现代工业化转型升级的重要阶段。在国家工业化发展政策的引导下,探索公路工业化建造新技术、新模式,是行业发展的趋势,也是社会发展的需要。

　　在不断探索、持续开拓公路工业化建造新模式的过程中,安徽省创新先行,成功研发、设计和应用了多种具有明显创新和突破的系列标准化技术和装备。装配式全体外预应力箱梁、装配式钢板组合梁、装配式钢管桁架梁、装配化桩板式无土路基、装配式钢筋混凝土通道、装配式夹持型鞍座—自防护拉索系统等在经历了多年磨砺后,如雨后春笋般涌现。这些技术以其在结构构造创新、设计方法改进、施工工艺革新等多个层面上取得的突破,实现了集约、高效、安全、环保、经济的建设目标,综合效益显著,引领了当下绿色公路发展的新变革、新方向。

　　安徽省交通控股集团有限公司作为安徽省国有重点骨干企业,高度重视科技创新,始终坚持产、学、研紧密结合,不断推进科技创新与产业转型升级。经过多年实践,安徽省交通控股集团有限公司逐步形成了以节约资源、降低造价、升级质量、提高功效、建设绿色低碳公路为目标,以标准化、系统化、工程化、信息化为核心的公路工业化建造理念,并形成一批具有优良示范效应的公路工业化建造成果。

　　为更好地展示创新技术成果,促进行业技术交流,推动成果推广应用,安徽省交通控股集团有限公司组织编写了"公路工业化建造书系"。这套专著的出版,也将为进一步探讨以绿色为主题的公路工业化建造技术的发展提供重要参考。

2017 年 8 月

于安徽合肥

前言

进入新时代，为积极响应国家碳达峰、碳中和的重大战略决策，我国加快构建现代化公路基础设施体系，公路桥涵的工业化建造技术得到了快速发展。公路作为国民经济的重要基础设施，面临资源、环境、品质等多重压力，对工业化绿色建造具有更高的内在需求。因此，亟须加速推进工业化设计理论及建造技术创新，切实促进公路工程"转型升级"和"创新发展"。

安徽省交通控股集团有限公司历经10余年的探索与实践，以推进公路桥涵工业化建造技术进步为目标，通过夯实理论基础，创新工业化新型桥梁结构、升级建造方式和管控方法，形成完整的解决方案，并应用于工程实践。通过系列技术创新，系统解决了公路工业化质量、效益和效率上的问题与矛盾，最终满足公路工程在资源、环境、品质等方面的高标准高要求。在大量理论、试验研究及工程实践与现场监测的基础上，先后开发了桩板式道路结构、装配式通道、薄腹宽翼轻型T梁、少主梁小横梁钢板组合梁、全体外预应力节段拼装轻型箱梁桥结构、模块化钢管桁架梁及模块化组合结构斜拉桥等系列工业化结构体系及成套建造技术，并创新了同向回转拉索体系、回转式钢筋连接结构等关键连接技术，系统解决了装配式结构连接的技术难题，实现了高效、可靠的连接。

本书系统总结了安徽省高速公路桥涵结构工业化建造技术体系研究与应用，共分6章内容，分别为绪论、公路桥涵工业化评价要素、公路桥涵精细化计算方法、公路桥涵轻型化结构体系、数字化管控平台开发与智能建造技术、总结与展望。

本书系统地总结了相关研究成果及工程实践经验，供读者参考借鉴使用。编著过程中，难免存在偏颇和不足，恳请读者批评指正！

2024年8月于安徽合肥

目录

第1章 绪论 ······1
1.1 公路桥涵工业化建造形势及发展趋势 ······1
1.2 公路桥涵工业化结构的技术发展现状 ······2
1.3 公路桥涵智能建造技术的发展 ······4
1.4 本章小结 ······6

第2章 公路桥涵工业化评价要素 ······7
2.1 公路工业化节地、填挖平衡、降碳三要素评价 ······7
2.2 公路工业化综合评价方法 ······8
2.3 本章小结 ······12

第3章 公路桥涵精细化计算方法 ······13
3.1 楔形截面综合抗剪计算方法 ······13
3.2 体外索承梁极限承载能力计算方法 ······22
3.3 子构件偏心抗压计算方法 ······27
3.4 体外拉索偏转防护计算方法 ······32
3.5 薄壁通道与土体联合作用计算方法 ······37
3.6 回转式钢筋连接计算方法 ······44
3.7 挤压式锚拉板连接计算方法 ······47
3.8 预制桩墩精准打入计算方法 ······50
3.9 本章小结 ······54

第4章 公路桥涵轻型化结构体系 ······55
4.1 全装配新型桩板式道路 ······55
4.2 跨径3～6m 四构件双铰管形、箱形通道 ······60
4.3 等截面薄腹宽翼轻型T梁 ······64
4.4 少主梁小横梁钢板组合梁 ······67

4.5 全体外预应力节段拼装箱梁桥 ··· 70
4.6 模块化低高度钢管桁架梁桥 ··· 75
4.7 模块化组合结构斜拉桥 ··· 78
4.8 模块化桥墩、装配式桥台 ·· 84
4.9 装配构件关键连接结构 ··· 85
4.10 本章小结 ··· 90

第5章 数字化管控平台开发与智能建造技术 ···················· 91
5.1 信息模型基本标准研究 ··· 91
5.2 具有三维结构内核的数字化管控平台 ······························ 98
5.3 三维正向设计数智化设计平台 ······································· 103
5.4 设计、工厂、工地数字场景交互式决策平台 ····················· 107
5.5 智能化制造安装装备与工法研究 ···································· 110
5.6 本章小结 ··· 115

第6章 总结与展望 ··· 116
6.1 成果总结 ··· 116
6.2 展望 ··· 119

参考文献 ·· 120

第 1 章
CHAPTER 1
绪论

1.1 公路桥涵工业化建造形势及发展趋势

1.1.1 公路桥涵工业化建造形势

工业化建造是指通过现代化的制造、运输、安装和信息化管理的大工业生产方式,代替传统建设中分散的、低效益的、低效率的生产方式。公路工程作为重要的交通基础设施,迫切需要产业现代化转型升级。桥涵产业现代化是以技术集成型的规模化工厂生产取代劳动密集型的传统生产方式,以工业化制品现场装配取代现场湿作业的施工模式,采取桥涵构件生产工厂化、施工现场装配化的绿色建造模式。这可以有效地提高劳动生产率,减少原材料和能源的浪费,降低项目成本,实现规模经济效益。

传统的混凝土桥梁施工过程现场作业量大,材料等消耗巨大,工(器)具、设备使用量大。此外,现场作业环境差、安全风险高、施工质量难以有效控制。采用工业化建造方式可将大部分现场作业转化到工厂内完成,采用现代化的管理手段可保证结构质量,并有效提升施工效率。此外,工厂化的生产也可明显降低施工过程中的粉尘污染、噪声污染,大大减少施工对环境的影响。

党的十八大以来,"创新、协调、绿色、开放、共享"的新发展理念已成为我国关键理念经济发展的指导思想,也是公路行业建设转型的关键理念。交通运输部、住建部等多部委接连印发了《关于实施绿色公路建设的指导意见》和《关于推动智能建造与建筑工业化协同发展的指导意见》等文件。2020 年 9 月,我国明确提出"双碳"目标,倡导绿色、环保、低碳的生活方式。2021 年 10 月,国务院印发了《2030 年前碳达峰行动方案》,明确指出将绿色低碳理念贯穿于交通基础设施规划、建设、运营和维护全过程,降低全生命周期能耗和碳排放。开展交通基础设施绿色化提升改造,统筹利用综合运输通道线位、土地、空域等资源,加大岸线、锚地等资源整合力度,提高利用效率。

随着环保意识的逐步提升,绿色发展的持续推进,公路工程的建造技术转型持续展开,工业化建造技术将成为公路桥涵技术发展的主要方向之一。通过工业化技术的不断进步,逐步形成完善的技术体系,实现基础设施建设与资源、环境保护的系统发展。

1.1.2 公路桥涵工业建造的发展趋势

过去几十年,我国桥梁建设高速发展,"标准化设计、工厂化生产、装配化施工、信息化管理、智能化应用"的工业化技术全产业链已经成为桥梁工程新的发展趋势和方向。桥梁工业化建造中的一个重要部分就是预制装配,通过将预制构件进行现场拼装的方式,保证工程质量,提高施工效率,减少现场工作量和对周围环境的影响。

自动化施工装备、检测与传感技术以及智能控制技术的持续进步,为公路桥涵工业化建造提供了良好的硬件基础;相关设计理论的不断完善,控制技术的持续升级为工业化技术发展提供了理论支撑,系统的技术进步持续推动着公路桥涵工业化建造技术的不断发展。公路桥涵工业化建造由装配化、自动化逐步向智能化发展。随着智能化技术在桥涵工业化建造中的应用不断深入,智能化建造也逐步成为工业化发展的新趋势。

1.2 公路桥涵工业化结构的技术发展现状

1.2.1 工业化结构形式发展

自20世纪80年代起,装配式桥梁结构在工业化程度较高的欧美国家开始应用,美国将其称为ABC(Accelerated Bridge Construction,桥梁快速施工)技术,或者PBES(Prefabricated Bridge Elements and Systems,桥梁预制单元与系统)技术。因其构件均采用预制生产,PBES技术大大减少了现场施工时间,且工程质量好、施工环境安全。上部结构预制构件包括桥面板、主梁,下部预制结构包括盖梁、桥墩、承台及桥台等。欧美国家对PBES构件做了大量的、系统化的研究,形成了完整的技术体系,并应用于实际工程中。截至2012年,美国已建成100多座PBES桥梁,且将该技术广泛应用在旧桥维修中。

相比于传统桥梁现浇施工,工业化建造施工桥梁的主要特点是工厂化预制、装配式施工、信息化管理,呈现以下几大优势:

(1)适用性强。工业化建造适用于多种类型的桥梁,受跨度限制较小,除基本的简支梁与连续梁以外,还可应用于斜拉桥,较好地解决了桥梁施工中面临的超高与小半径技术难题。

(2)经济效益明显。与传统施工方法相比,合理应用装配式技术可降低造价,可有效降低施工过程和后期养护费用,有利于施工管理和造价控制。

(3)环境效益显著。工业化建造能避免对环境及其他道路交通运行造成的影响,相比整孔预制架设的施工方法,极大地减少了施工占地。

(4)工程质量可靠。梁部重点结构均由预制场生产加工而成,质量有保障,且加载龄期与养护时间都较长,能有效减少梁体的预应力损失。

(5)施工简单、工期较短。梁体预制工艺精简,整个拼装过程均可实现机械化,具有较高的安全性。

公路工程领域最早使用的装配式桥梁结构形式多为装配式预应力混凝土结构,包括空心板梁、T形梁、小箱梁结构,如图1-1、图1-2所示。随着桥梁工业化建造理念的不断发展,近年来适合工业化建造的结构形式也不断发展,结构形式日趋丰富。工业化建造发展较早的欧美国家形成了以工字形 PC 组合梁桥、大 T 形预制梁及 U 形组合梁为主的预应力混凝土结构,同时也发展出了以钢板组合、钢槽组合、钢桁组合以及波形钢腹板组合梁为代表的组合梁桥结构。此外,节段预制拼装箱梁、装配式下部结构也都得到了较为广泛的应用。

图 1-1　先张法预制双 T 梁

图 1-2　变截面钢板组合梁桥

在工业化技术发展的过程中,国内的装配式桥梁主要可以分为四种类型:第一类是传统的装配式结构,采用纵向分块,设置纵向湿接缝,在预制构件安装后通过湿接缝连接为整体,包括常见的空心板梁、后张法预应力混凝土 T 梁及后张法小箱梁桥结构;第二种类型是节段预制拼装箱梁,将箱梁桥沿着横向划分为若干节段,通过匹配预制后进行拼装,利用预应力连接为整体实现承载功能;第三类预制装配式结构为先张法组合梁结构,采用先张预应力,构件的自重相对较小,包括预应力混凝土 PC 组合梁、U 形组合梁等形式;第四类常见的装配式桥梁结构为钢混组合结构,兼有钢结构和混凝土结构的特点,结构自重轻,适应性好,包括 U 形型钢组合梁桥、工字钢钢板组合梁桥、钢管混凝土组合桁梁桥及钢箱组合梁桥。

1.2.2　工业化设计理论的现状

目前,行业内对公路桥涵工业化设计理论的研究相对较少,我国在 2022 年颁布了《公路装配式混凝土桥梁设计规范》(JTG/T 3365-05—2022),该规范通过资料调研、理论分析计算、试验研究、实体工程验证等工作,总结吸收了近年我国公路装配式混凝土桥梁设计方面的经验和研究成果,对装配式桥梁的上部结构构造规定、计算规定,以及下部结构的构造规定、计算规定等内容进行了规范。但该规范的主要设计理论和计算方法还是沿用了传统钢筋混凝土及预应力钢筋混凝土的设计计算方法,改进与完善部分连接部件而未从工业化的思路系统地改进设计理论。

目前,针对桥梁工业化建造理论的相关研究较少,与桥梁工业化建造的设计理论相关研究主要集中在对装配式桥梁结构形式的创新、连接结构的创新与改进,以及针对研究提出的相关结构形式开展一定的模型试验研究和数值分析,对结构的安全性进行论证,尚未能建立系统的公路桥涵工业化建造技术体系。

1.2.3　工业化建造技术的发展

随着我国交通运输行业的快速发展以及建设技术的不断完善,公路桥涵的建造模式由粗放型逐步转向集约型，逐步发展工业化建造技术，在建造工厂集中配置各类建设资源，采用标准化建造工艺提高质量保障，充分利用机械设备高效率作业，降低对环境影响的同时提高建设质量。桥涵的工业化建造已成为我国桥梁行业的发展趋势。

近些年，工业化建造技术广泛发展，通过标准化工厂流水线工艺进行预制生产，尽可能减少现场作业，现场采用机械设备进行安装施工，既保证质量又能显著提高效率，同时尽可能地减少现场施工人员，从而减少施工安全隐患。安装工艺、装备水平有很大提升，施工的自动化程度持续提高。工业化建造改变了传统桥梁设计、施工、运维方式，逐渐向社会化大生产转型。随着工业化建造技术实践的不断推进，工艺、装备、管理模式均在持续进步。

在国外，公路工业化建造起步较早，对预制拼装的理论、混凝土结构、组合结构、连接结构、工艺、工法和装备等均有研究。但近年来的工程实践较少，系统成果欠缺，对国内发展公路工业化的参考价值已相当有限。在国内，公路工业化建造成果较多，但基于传统理论、结构和管理的尝试常常为昙花一现。技术的标准化、系统化、模块化、信息化水平低，工程综合效益不佳、投入不能周转、优势不成规模、技术难以推广。

分析其中深层次的问题，表现为以下方面：一是设计认知不统一，未建立公路工业化建造的评价标准；未对传统设计理论进行必要修正，形成新的精细化设计理论。二是结构构件不适应，标准化程度不足，模块化水平更低；常常是将传统结构进行分段，节段构造复杂，制造安装困难。三是过程管理难交互，BIM 的应用多停留在事后演示层级上；未形成基于 BIM 的设计/施工、检测快速信息共享和相互修正。

1.3 公路桥涵智能建造技术的发展

1.3.1 公路工程信息模型现状

欧美、日本等一些发达国家的技术标准体系已经进入相对完善的阶段，公路工程标准较为成熟，为公路工程的各个层面提供国家技术标准指引，能够很好地适应公路工程的发展需求。

目前，BIM（Building Information Modeling）技术已经广泛地应用于我国交通运输行业，但仍未形成统一的应用模式，也没有统一的行业应用标准。公路交通行业 BIM 软件依旧是国外 Autodesk、Bentley、Dassault 三大软件产品，国内 BIM 软件还是基于国外基础设计平台进行二次开发。为了推动 BIM 技术在交通行业的应用，2017 年交通运输部认定五家"BIM 技术应用交通运输部行业研发中心"。这些研发中心开展了 BIM 应用技术研发工作，在 BIM 建模软件、协同平台、数据分析工具等方面为行业的 BIM 技术落地提供了支撑，开展了公路工程全生命周期内的 BIM 技术应用，包括设计优化、施工模拟、智能管理系统等，以提升公路工程的智能化和现代化水平；此外，参与 BIM 技术在交通工程领域的应用标准和规范制定工作，推动 BIM 技术在交通行业的标准化和规范化发展。

目前，国内设计院信息化水平可以分为两个层次：大型设计企业整体信息化水平较高，有些领域已经接近国际先进水平；而中小企业信息化水平较低，大多数还是简单用二维 CAD 进行设计、出图、生产的模式。应用软件方面，大型设计企业的工具软件较为先进，如三维 CAD、CAE 的使用已经比较普遍，但对这些工具软件所产生的数据模型未能有效管理和深层利用，缺少对这些设计数据、仿真数据、试验数据协同管理的平台系统。现在设计院大都采用了信息化管理系统,并解决了 CAD 数据和一些文档数据的管理问题,但对设计过程中专业间和专业内以及不同厂商之间软件的协同工作支持度低。随着科技发展,产品复杂度也越来越高,这种多学科交叉、多专业协同工作的重要性越来越高,对相关平台的需求也愈发迫切。如何在先进的理念指引下,结合协同设计、协同仿真等先进的理念,整合已有的工具和专业系统,发挥它们的整体效能,将是设计院数字化转型面临的重要课题。

近年来,随着公路建设的快速进展及行业建设自身的需要,智能公路、智慧公路概念的提出、建设和公路功能的拓展,公路工程勘察设计的要求已由以往的粗放设计向精细化设计转变。但是,公路工程勘察设计行业的技术现状却存在着如下问题,制约着精细化设计的发展。

公路工程传统设计手段不利于精细化设计的推行。传统设计各环节相对独立,手段较为传统,设计的相关信息联通效率偏低,经常容易出现不同版本、样式的交互补流程,导致数据资源共享程度不高,容易出现重复劳动,制约了设计人员的工作效率,不利于精细化设计。

公路勘察设计公路工程由于牵涉到多专业多工种,是一项系统工程。公路工程勘察设计涉及工程量大、专业多、交叉性强,在生产过程中各专业之间、各设计人员之间的沟通、协调、配合的事项繁多。传统设计中缺乏专业高效的工具支持,没有统一的工作平台,会使得各专业设计协调困难,沟通成本高,配合不够流畅,同样制约着各专业推进精细化设计。

非平台式个体设计,也给设计的过程管理带来了一定的不便,较难及时掌握个设计人员的工作状态和项目运营情况,容易影响项目管理层的决策,甚至影响了项目完成的效果,很难适应精细化设计的新要求。

现有相关研究虽然在设计优化、施工模拟、智能管理系统等方面取得了一定的进步,但仍然有广泛的研究空间。开展基于公路工程信息模型的总体设计应用技术研究,开发适合公路建设行业勘察设计协同系统仍是行业发展的重要方向。通过持续深入研究,解决困扰公路建设领域勘察设计阶段存在的各专业之间配合不协调、设计文件传递不畅等问题。提高设计标准通用图的利用率,提高设计的效率和质量,从技术上杜绝设计差错漏碰发生,增加设计精品;更可以建立勘察设计的协同沙盘,方便各级领导、项目治理人员及时了解项目进度、质量及工作状态,全面提高勘察设计项目的协同治理水平,确保项目正常运行。

1.3.2 公路桥涵智能化建造技术现状

2020 年以来,关于智能建造的相关理论研究逐渐增多,有学者通过研究和分析建筑业的智能化转型现状,定义了智能化建造,逐步构建了智能建造的理论框架,为智能建造的后续研究奠定了理论基础。也有学者为智能建造提出了闭环控制理论,为智能建造技术与管理融合提供理论依据。也有学者研究了智能科学技术与新型建造技术的融合应用,分析其体系结构,丰富了智能建造的理论框架。斯洛文尼亚学者 Stankovski V 等总结了近些年智能建造相关的研究,分析了智能化技术在建筑领域的巨大应用潜力,揭示了当前智能建造的整体水平较低的现状问题。Liu K 等从智能建造的新结构形式、自动化和智能化施工系统以及先进的传感设备和检测技术等方面对智能建造的发展过程和发展形势进行了总结,认为智能建造是未来工程建设领域的重要发展方向,也是技术进步的机遇与挑战。

随着信息化技术的持续发展,BIM 技术、物联网技术、智能监测与检测及数字孪生技术等技术在公路行业中目前应用较广泛。其中,BIM 技术在公路建设中的应用成为学者们研究的主要方向之一,形成了 BIM + 的应用模式。物联网技术则主要利用物联传感技术,实现施工各环节的联通,实现高效的管理与控制。数字孪生技术正应用于智能制造、智能预制、智能工厂等领域,通过数字孪生模型能够模拟工程建造的全周期,并充分利用数字信息为公路工程管理决策提供支撑。

综上,目前关于智能建造的技术体系尚不完善,其概念和内涵尚不统一,理论研究有待进一步深入研究。在智能建造技术的应用研究中,研究目标局限于技术最终的应用效果,考虑不全面、不系统,较少考虑该技术适用条件、应用过程的经济合理性等。

1.4 本章小结

目前,国家制定并实施了一系列战略规划,持续完善改革开放空间布局。工程作为建设和发展的开路先锋,"交通先行"任务更为艰巨。同时,国家持续推进"创新、协调、绿色、开放、共享"的新发展理念。2016 年 7 月,交通运输部印发《关于实施绿色公路建设的指导意见》;2021 年 10 月,国务院印发《2030 年前碳达峰行动方案的通知》。逐步在各个层级上明确了对绿色、低碳技术研发和推广应用工作的具体要求。

此外,国家能源与资源不足问题日益突出,生态和环保形势尤为严峻,对绿色发展的需求愈加迫切。公路交通可持续发展,"创新模式"势在必行。历史上,绿色发展与粗放发展曾形成激烈冲突,付出过巨大的环境、经济代价。工业化转型是解决目前面临冲突的关键举措,已是各国目前努力的主要方向。2020 年 7 月,住建部等多部委联合印发《关于推动智能建造与建筑工业化协同发展的指导意见》。公路建造如何通过工业化转型节约资源,保护环境,提升品质,落实绿色建造,已然成了当务之急。

实现公路工业化绿色建造,需要一个突破性的解决方案。安徽省早在 2006 年就开始了高速公路工业化建造的相关探索与实践。安徽省交通控股集团在公路工业化建设中,经过多年不断地探索,总结出结构高强化、轻型化,构件通用化,安装便利化,造价经济化的工业化建造核心理念。并持续应用在合枞高速、芜湖长江公路二桥、济祁高速、巢芜高速、合宁高速扩建工程等重点公路项目中。通过设计理论和结构形式的创新,作为标准化设计、工厂化生产、装配化施工的原始驱动,以数字化、智能化建造技术作为重要突破手段,实现以工厂化的制造、构件运输、装配式安装和科学管理的大工业生产方式,来代替传统公路行业中分散的、低水平的、低效率的手工业生产方式,以提升产品质量、缩短工期、优化施工管理、降低成本,并增强环境保护的优势。通过持续工程实践,检验公路工业化结构体系的应用优势,明确了设计与建造的关键问题。同时,在公路结构工业化的建造过程中,持续进行升级完善,形成更加成熟的公路结构工业化、数字化解决方案。涵盖全方面、多维度、多场景的工业化建造技术,建立公路工业化建造系列结构的标准化设计,助力工业化结构体系的应用与发展,推动公路行业工业化建造技术的提升。

第 2 章
CHAPTER 2

公路桥涵工业化评价要素

目前公路行业内缺少公路工业化建造的评价标准,未形成科学、系统的评价体系,难以评价项目的工业化建造水平及其合理性。在公路工业化建造过程中,如何选择合理的评价要素,对工业化建造合理程度与综合效益进行评价,尚无参考依据。针对这一问题,笔者结合安徽省长期的公路桥涵工业化建造实践,分析不同建设条件下公路工业化成效的关键要求,提炼出直接反映公路工业化目标的控制指标,并形成相应的评价方法。通过采用综合加权评价的思路,实现对工业化成效的综合反映。通过系统论证与分析,建立了公路工业化综合评价体系。

2.1 公路工业化节地、填挖平衡、降碳三要素评价

2.1.1 评价公路工业化的要素分析

近年来,土地资源与生态红线对交通基础设施建设的刚性制约愈发凸显,砂石料等建材资源也日益紧缺,如何通过技术创新实现交通基础设施的绿色可持续发展,减少对土地等自然资源的占用,成为摆在行业发展面前的突出问题。为了解决上述"卡脖子"问题,"工业化建造"的研究和技术实践如雨后春笋一般在我国公路领域得到了快速发展。公路工业化建造是采用工业化的手段替代传统建造模式,从而提高建造效率、升级品质、降低能耗。从工业化建造需要解决的主要矛盾出发,分析公路工业关注的焦点问题,可知工业化建造的主要成效包括节约土地资源、降低对环境影响、控制能耗、提升综合效率等方面。

因此,单个项目的公路工业化技术应用是否取得了较好的综合效益,可以从其是否节约了土地资源,是否通过合理的工业化技术融合实现全线填挖平衡的控制,以及与传统建造模式相比,其在降低碳排放上取得的效果,即采用节地度、填挖平衡度、降碳度三个量化指标作为主要评价要素。

2.1.2 评价量化指标

(1)节地度 A

节地度表征的是与传统建造技术相比,工业化建造技术在土地节约层面取得的效果。

节约土地在工程建造上可以有多种方式。为了简化分析,直接采用与公路结构化相关联

的部分,以多出公路路面的占地面积除以公路实际占地面积表示。按式(2-1)计算:

$$A = \frac{A_l - A_0}{A_l} \tag{2-1}$$

式中:A_l——公路实际占地面积;
A_0——公路路面面积。

结合安徽省典型工业化建造案例的现场调研和专家问卷调查,综合认为 $A \leq 0.85$ 时,公路工业化节约土地达到了理想状态。

(2)填挖平衡度 B

填挖平衡是公路工程项目建造过程中追求的主要目标之一,理想的填挖控制是在工程总体和分段上均能基本平衡。填挖平衡度表征的是项目建造自有土地资源的基本均衡程度,以分段挖方量与分段填方量的差值累加与两者和累加值的比值进行表示。按式(2-2)计算:

$$B = \frac{\sum |B_{di} - B_{fi}|}{\sum (B_{di} + B_{fi})} \tag{2-2}$$

式中:B_{di}——第 i 分段区域挖方量;
B_{fi}——第 i 分段区域填方量。

结合安徽省典型工业化建造案例的现场调研和专家问卷调查,认为 $B \leq 0.2$ 时,公路工业化填挖平衡达到了理想状态。

(3)降碳度 C

降低碳排放是公路工业化建造的重要目标之一,也是公路建设转型、实现绿色建造的主要指标之一。但是计算排碳与行业、专业、过程等多种复杂因素相关,如何在宏观层面整体把控降碳程度是降碳度评价的基础。本书采用相对简单、宏观的降碳度概念进行分析,即采用节材降价间接反映工程降碳效果,以工业化后新型结构造价除以传统结构造价进行表示。按式(2-3)计算:

$$C = \frac{\sum C_{ni}}{\sum C_{oi}} \tag{2-3}$$

式中:C_{ni}——工业化后分项结构造价;
C_{oi}——工业化前分项结构造价。

结合安徽省典型工业化建造案例的现场调研和专家问卷调查,认为 $C \leq 0.95$ 时,公路工业化达到节能减排的理想状态。

基于上述分析,本书提出的公路工业化的综合效果评价体系中,采用量化节地度、填挖平衡度、降碳度三要素评价工业化水平及工业化实施效果。

2.2 公路工业化综合评价方法

2.2.1 基于专家调查的权重分析

高速公路工业化实施效果的综合评价影响因素较多,具有多属性、多层次和多指标的特点,且定量与定性指标兼而有之。如何使这些存在随机性、模糊性且量级、量纲各异的不确定性指标有机融合并参与工业化效果评价,是决定评价结果准确与否的关键所在。对于多准则决策中的多属性决策方法,常用的方法有层次分析法、模糊综合评价法、灰色关联分析法、主成分分析法、熵权法、逼近理想点排序法等。

为了简化评价方法,权重确定采用了专家调查法。考虑到在不同的地形、地貌条件下,公路建造过程中的制约因素和关键问题有所不同,因此在专家调查的过程中,结合安徽省公路建设的主要地形条件,分别针对平原区、丘陵区、山区三种不同的建设地形建立相应的评价权重及对应的判断标准。

对安徽省参与工业化研究和实践的多个项目的主要参与人员,及省内外专家进行问卷调查,在专家调查的基础上,分析不同建设条件下公路工业化综合评价关键指标的合理权重。

2.2.2 评价方法与权重

(1) 综合加权值

采用三个要素综合评价法,更能客观地反映公路工业化的实施效果。通过对工程参建各方的多轮次问卷调查及工程成功案例的系统调研分析,对平原区、丘陵区、山区分别提出综合评价中三个要素的权值 R_A、R_B、R_C,见表2-1。

公路工业化评价体系　　　　　　表2-1

区域	$P = R_A \times A + R_B \times B + R_C \times C$			P_S
	R_A	R_B	R_C	
平原区	0.5	0.2	0.3	0.75
丘陵区	0.3	0.5	0.2	0.545
山区	0.2	0.3	0.5	0.705

其中,平原区的土地资源最为珍贵,因此平原区公路建造中以节地度 A 的权值 R_A 最大,$R_A = 0.5$。平原区基本无挖方,因此以填挖平衡度 B 的权值 R_B 最小,$R_B = 0.2$。

对于丘陵地区,如能实现施工土方量的填挖平衡,就能够实现对路线以外土地资源的最大节约。因此,丘陵地区综合评价时填挖平衡度 B 的权值 R_B 最大,$R_B = 0.5$。

对于山区,则以建造的降碳程度作为评价的关键,山区综合评价时降碳度 C 的权值 R_C 最大,$R_C = 0.5$。

(2) 评价系数 P

在确定各评价要素及其对应的权重数值后,采用加权平均值的方法评价公路工业化的综合效果。工业化效果评价过程中以三个要素的加权累加表示,即 P 为节地度 A、填挖平衡度 B、降碳度 C 的加权平均值,针对每种不同的建设条件选择表2-1中相应的权重进行评价。P 按式(2-4)计算:

$$P = R_A \times A + R_B \times B + R_C \times C \tag{2-4}$$

(3) 评价指标 P_S

通过调研公路工业化合理体系，分析工程成功案例，提出公路工业化评价标准 P_S，其中平原区 $P_S=0.75$，丘陵地区 $P_S=0.545$，山区 $P_S=0.705$。当 $P \leqslant P_S$ 时，认为公路工业化综合效果理想。

综上，通过选择关键要素，建立综合加权评价方法及对应权值，选定综合评价指标，建立了科学、系统的公路工业化评价体系。

2.2.3 评价案例

(1) 案例一：合枞高速公路

合枞高速公路是德州至上饶国家高速公路的重要区段，是安徽省"五纵九横"高速公路网中"纵三"的组成部分。合枞高速公路起于肥西县高店乡葛代郢附近，顺接德上高速公路淮南至合肥段，自北往南途经合肥市肥西县、六安市金安区和舒城县、安庆市桐城市、铜陵市枞阳县等4市5县区，至枞阳县会宫接德上高速公路池州长江公路大桥路段。该项目建设对促进中部地区崛起、推动长江经济带发展等国家战略实施，统筹区域协调发展，加快推进皖江城市带和合肥经济圈等区域组团建设，完善区域综合交通运输网络具有重要意义。

合枞高速公路全长约134km，为全立交、全封闭、双向四车道高速公路，设计速度120km/h，路基宽26m，采用沥青混凝土路面，桥涵设计荷载为公路—Ⅰ级，特大桥设计洪水频率为1/300，路基及大、中、小桥及涵洞设计洪水频率为1/100。合枞高速公路建成效果如图2-1所示。

图2-1 合枞高速公路建成效果

合枞高速公路始终贯彻"工业智建、技术示范、绿色集约、安全耐久、品质争先"的建设理念，以科技创新为动力，以工业化智能化为手段，积极开展新结构、新技术、新工艺的应用，取得了一定的成效。项目针对工业化的内涵和特点，持续推进设计方案的优化和完善。

合枞高速公路集成了安徽省多年来在结构工程预制装配化方面的创新成果，形成了从基础、下部结构到上部结构的全系列工业化结构体系，实现了从中小跨径、大跨径到特大跨径的全覆盖。合枞高速公路属于安徽省丘陵地区典型的工业化建造项目,根据式(2-4),得合枞高速公路工业化评价结构见表2-2。

合枞高速公路工业化评价结果　　　表 2-2

区域	丘陵区	长度	134km
R_A	0.3	A	0.815
R_B	0.5	B	0.173
R_C	0.2	C	0.808
P_S	0.545	P	0.493
评价		$P<P_S$,工业化综合效果理想	

分析合枞高速公路的建造情况,项目的总里程按照约134km,根据建设过程中的主要资料,按照丘陵地区的加权值进行工业化的综合评价。经计算,相关指标见表2-2,该项目的节地度 $A=0.815$,填挖平衡度 $B=0.173$,降碳度 $C=0.808$,加权计算后得到的评价系数 $P=0.493$,对于丘陵地区评价指数为 $P_S=0.545$,$P<P_S$,取得了良好的工业化综合效果。

(2)案例二:芜湖长江公路二桥

芜湖长江公路二桥工程路线全长55.508km,工程概算90.38亿元。全线共设互通立交5处、特大桥、大桥14座(含长江主桥及引桥)、分离立交桥12座、隧道1座、服务区1处、养护工区2处、管理处1处、匝道收费站3处。高速公路设计速度100km/h,新建长江大桥13.928km(跨江主桥1.622km、引桥12.306km),北岸接线20.782km,南岸接线20.798km。其中,新建双向四车道高速公路34.922km,新建双向六车道高速公路20.586km。如图2-2所示。

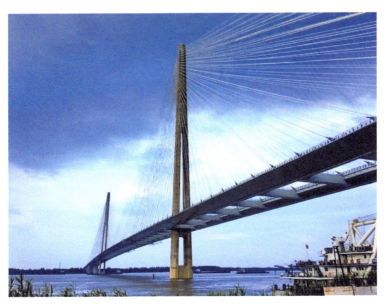

图2-2　芜湖长江公路二桥建成效果

跨江主桥长1622m,为主跨806m双塔四索面分离式全漂浮钢箱梁斜拉桥,索塔高262.48m,本桥是首次在大跨度桥梁上运用同向回转拉索技术,提升了桥梁关键性部位的安全耐久能力和使用寿命,成为世界斜拉桥建设史上的里程碑式项目。

引桥及接线工程创新性地采用全体外预应力轻型薄壁节段拼装箱梁桥结构,27.8km 桥梁工程共 20034 榀节段梁,仅有 4 种结构类型、16 种预制节段形式,覆盖了 30～55m 跨径范围的建造要求,实现高度的标准化设计。轻型薄壁结构,较传统混凝土箱梁混凝土用量减少 15% 左右,总体节约造价 12%。新结构简单便捷,预制 1 跨只需 5～7 天,大大加快了工程进度。施工期贯彻工厂化生产、装配化安装、精细化施工、信息化管控等手段,使得工程安全、质量、进度得到充分保障,工程品质显著提升。该桥是国内首次应用全体外预应力轻型薄壁大悬臂节段拼装箱梁工厂化生产,开创了国内桥梁工业化建造之先河。

芜湖长江公路二桥为交通运输部跨江桥梁群建造科技示范工程。对芜湖长江公路二桥的工业化技术应用情况进行综合评价,分析芜湖长江公路二桥的建造情况,根据建设过程中的主要资料,按照平原地区的权值综合评价工业化实施效果。根据式(2-4),经计算,评价结果见表 2-3,该项目的节地度 $A=0.286$,填挖平衡度 $B=0.105$,降碳度 $C=0.836$,加权计算后得到的评价系数 $P=0.415$,对于丘陵地区评价指数为 $P_S=0.75$,$P<P_S$,取得了良好的工业化综合效果。

芜湖长江公路二桥工业化评价结果　　　　表 2-3

区域	平原区	长度	55.5km
R_A	0.5	A	0.286
R_B	0.2	B	0.105
R_C	0.3	C	0.836
P_S	0.75	P	0.415
评价	$P<P_S$,工业化综合效果理想		

2.3 本章小结

结合安徽省不同地形地貌条件下的公路项目工业化建造的实践经验,提出了基于三要素的综合评价方法。从节地度、填挖平衡度和降碳度三个维度反映公路工业化的效益,采用加权平均法,计算公路工业化的综合评价系数。形成了适应不同地形条件下的公路工业化评价的权重系数,建立了综合评判标准,为公路工业化的评价体系提供支撑,为平原地区、山区、丘陵地区的公路工业化建造综合效益评价提供指导。

第 3 章
CHAPTER 3

公路桥涵精细化计算方法

桥涵工业化建造技术在持续发展,预期适应的设计方法也在持续进步,但主要的设计计算方法仍以传统计算方法为主,未能更好地反映工业化结构自身的受力特点。为了对公路桥涵精细化计算方法进行改进,结合安徽省公路工业化建造研究中大量的桥梁结构设计与计算,选择出直接影响公路工业化实效的三类计算问题:强度计算、参数计算和施工控制计算,提出改进模型,优化技术思路,以理论与试验结合的方法开展系统研究。

针对传统混凝土梁抗剪承载能力计算未能充分考虑不同配筋的影响,创新提出楔形截面综合抗剪,系统解决薄壁梁体抗剪承载能力的计算问题。结合理论与试验研究,完善了体外索承梁极限承载能力计算方法。针对柱式受压构件的偏心受压稳定性验算中未能考虑不同验算截面的差异,提出了子构件偏心抗压计算方法,准确地反映了不同计算断面的差异。通过大量的试验研究与理论研究,提出了体外拉索偏转防护计算方法,形成了拉索在转向位置的综合磨蚀判别方法,为拉索偏转防护提供理论计算依据。充分考虑薄壁通道与周边土体的相互作用特点,形成了薄壁通道与土体联合作用计算方法,为薄壁通道设计计算提供支撑。在系统理论和试验研究的基础上,以拉压杆模型为基础,建立了回转式钢筋连接接缝的承载能力计算方法。针对新型挤压式锚拉板结构的承载能力计算问题,提出了能够反映这种新型连接特点的挤压式锚拉板连接性能计算方法。建立了预制桩墩精准打入等计算模型与方法,为预制桩墩打入施工提供理论依据,实现打入桩的精确控制。

通过上述公路桥涵精细化计算方法的完善,解决了公路桥涵工业化结构设计认知不统一的问题,修正了传统设计理论,为轻型结构优化设计提供了理论基础。

3.1 楔形截面综合抗剪计算方法

3.1.1 主要问题

构件截面抗剪基于混凝土承压,联合纵向钢筋、竖向箍筋和弯起钢筋等,构成受力承载体系,控制斜裂缝的自由产生和过度发展,按式(3-1)计算:

$$V_d \leqslant V_R = V_{cz} + V_{sg} + V_{sw} \tag{3-1}$$

式中:V_d、V_R——截面设计剪力和抗剪承载力;

V_{cz}——纵向钢筋截面抗剪承载力;

V_{sg}、V_{sw}——竖向箍筋和弯起钢筋抗剪承载力。

传统计算方法来自经验与理论的组合,基本表现了截面抗剪破坏的特征,但模型不能全面反映截面受力的平衡关系。在材料、设计、建造技术持续发展的背景下,建立新的抗剪模型和计算公式,更明确地表现截面抗剪物理意义和几何意义,是十分必要的。传统计算缺陷示例及基于变形协调条件的计算修正如图3-1所示。

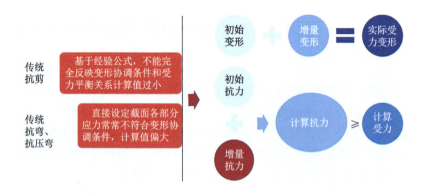

图 3-1 传统计算缺陷示例及基于变形协调条件的计算修正

3.1.2 楔形截面抗剪计算模型

分析构件抗剪压、斜压、斜拉破坏特征,由楔形隔离体的受力平衡可知,抗剪斜裂缝上端均存在既受剪又受压的区域,研究提出统一的楔形截面抗剪破坏模型,见图3-2。图3-2中上部示出了模型在叠加应变 O 点处,形成相互垂直的开裂面与承压面。开裂面向斜下方延伸至底,承压面向斜上方延伸至顶。截面上的剪跨比 m_d 将引起截面软化,表现为开裂面与承压面端部出现正向受力面。鉴于抗剪计算多近于支点,截面软化影响表现得不明显,暂不考虑。在这一统一模型的基础上,根据不同的配筋特点,分别分析其承载能力。

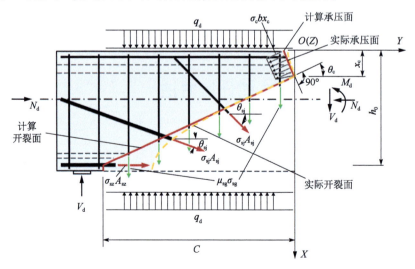

图 3-2 一般配筋楔形截面抗剪模型

图 3-2 中：C——开裂面水平投影长度；
h_0——截面有效高度；
θ_c——混凝土承压面法线与正截面法线的锐夹角；
N_d——截面的设计轴力；
M_d——截面的设计弯矩；
q_d——截面的设计竖向压力；
σ_c——承压面混凝土计算应力；
x_c——截面叠加应变 O 点位置；
σ_{sz}——开裂面纵向钢筋计算应力(最高取极限强度)；
A_{sz}——开裂面纵向钢筋面积；
σ_{sg}——开裂面竖向箍筋计算应力(最高取极限强度)；
μ_{sg}——开裂面竖向箍筋配筋率；
σ_{sj}——弯起钢筋 j 计算应力(最高取极限强度)；
A_{sj}——弯起钢筋 j 截面面积；
θ_{sj}——弯起钢筋 j 计算应力与正截面法线锐夹角。

3.1.3 一般配筋楔形截面抗剪承载力计算

对上述 3.1.2 节中的计算模型，按一定设定条件求解，可进一步得到抗剪模型的内在规律，并得到实用的计算方法。首先进行以下设定：

①弯起钢筋按强度等代为具有相同材料性质的纵向钢筋。

②混合配筋中的纵向和弯起预应力钢筋按剩余强度等代为普通纵向钢筋，其预应力纵向分力 N_y 计入截面的设计轴力 N_d；竖向分力 V_y 计入截面的弯起钢筋的抗剪承载力 V_{sw}。

③混合配筋中的竖向预应力 q_y 计入截面的设计竖向压力 q_d。

④截面简化为宽度为 b、有效高度为 h_0 的矩形截面。弧形开裂面与承压面简化为两个相互垂直的斜面。

(1) 设置纵向钢筋截面抗剪承载力

建立楔形截面受力的水平力和竖向力平衡关系，可以得到式(3-2)、式(3-3)：

$$N_d = \sigma_c b x_c - \sigma_{sz} A_{sz} \tag{3-2}$$

$$V_{cz} = \sigma_c b x_c \frac{h_0 - x_c}{C} \tag{3-3}$$

式中：σ_c——承压面混凝土计算应力；
x_c——O 点位置截面叠加应变；
σ_{sz}——开裂面纵向钢筋计算应力(最高取极限强度)；
A_{sz}——开裂面纵向钢筋面积。

由平衡关系求解可以得到：

$$x_c = \frac{\sigma_{sz} A_{sz} + N_d}{\sigma_c b} = k_{sz}(\mu_{sz} + \mu_N) h_0 \tag{3-4}$$

$$V_{cz} = \frac{[1 - k_{sz}(\mu_{sz} + \mu_N)] k_{sz}(\mu_{sz} + \mu_N) \sigma_c b h_0^2}{C} \tag{3-5}$$

式中：$k_{sz} = \dfrac{\sigma_{sz}}{\sigma_c}$；

$\mu_{sz} = \dfrac{A_{sz}}{bh_0}$；

$\mu_N = \dfrac{\sigma_N}{\sigma_{sz}}$；

$\sigma_N = \dfrac{N_d}{bh_0}$。

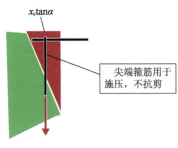

图3-3 箍筋不完全抗剪现象

（2）竖向箍筋抗剪承载力

在楔形截面抗剪计算模型中，楔形尖端箍筋用于施加压力，不应再计其对抗剪的影响，即开裂面上箍筋存在不完全抗剪现象，如图3-3所示。

修正箍筋抗剪承载力计算公式，考虑不充分抗剪的特点，得到箍筋承载能力计算见式(3-6)：

$$V_{sg} = (\mu_{sg}\sigma_{sg} + q_d)b\left(C - x_c\dfrac{h_0 - x_c}{C}\right) \quad (3\text{-}6)$$

进一步求解式(3-6)得到：

$$V_{sg} = k_{sg}(\mu_{sg} + \mu_q)\left\{\sigma_c bC - \dfrac{[1 - k_{sz}(\mu_{sz} + \mu_N)]k_{sz}(\mu_{sz} + \mu_N)\sigma_c bh_0^2}{C}\right\} \quad (3\text{-}7)$$

式中：$k_{sg} = \dfrac{\sigma_{sg}}{\sigma_c}$；

$\mu_q = \dfrac{q_d}{\sigma_{sg}}$。

（3）弯起钢筋抗剪承载力

对于弯起钢筋不在楔形受压区内，弯起钢筋的数量不受开裂面的影响，其抗剪承载力计算见式(3-8)：

$$V_{sw} = \sum \sigma_{sj} A_{sj} \sin\theta_{sj} \quad (3\text{-}8)$$

（4）截面抗剪承载力凹点值

整合上述三个抗剪承载力分项，得到楔形截面抗剪承载力计算公式如下：

$$V_R = \dfrac{[1 - k_{sz}(\mu_{sz} + \mu_N)]k_{sz}(\mu_{sz} + \mu_N)[1 - k_{sg}(\mu_{sg} + \mu_q)]\sigma_c bh_0^2}{C} + k_{sg}(\mu_{sg} + \mu_q)\sigma_c bC + \sum \sigma_{sj} A_{sj} \sin\theta_{sj}$$

$$(3\text{-}9)$$

分析式(3-9)中的V_R会随C发生变化，如图3-4所示，其凹点值V_{R0}对应最先产生的开裂面及开裂面水平投影长度C_0，该值为截面的真实抗剪承载能力。

对楔形截面抗剪承载式(3-9)的变量C进行一阶求导，令其导数为0得到计算公式(3-10)：

$$\dfrac{dV_R}{dC} = -\dfrac{[1 - k_{sz}(\mu_{sz} + \mu_N)]k_{sz}(\mu_{sz} + \mu_N)[1 - k_{sg}(\mu_{sg} + \mu_q)]h_0^2}{C^2} + k_{sg}(\mu_{sg} + \mu_q) = 0 \quad (3\text{-}10)$$

对式(3-10)求解得到V_R最值对应的C值如式(3-11)：

$$C = C_0 = \sqrt{[1 - k_{sz}(\mu_{sz} + \mu_N)][1 - k_{sg}(\mu_{sg} + \mu_q)]} \times \sqrt{\frac{k_{sz}(\mu_{sz} + \mu_N)}{k_{sg}(\mu_{sg} + \mu_q)}} h_0 \quad (3\text{-}11)$$

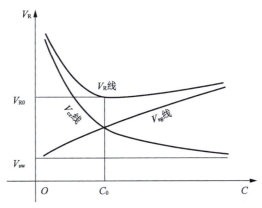

图 3-4 抗剪承载力分解图

将式(3-11)代入式(3-9),可得到抗剪承载能力如式(3-12):

$$V_R = V_{R0} = 2\sqrt{[1 - k_{sz}(\mu_{sz} + \mu_N)][1 - k_{sg}(\mu_{sg} + \mu_q)]} \times$$
$$\sqrt{k_{sz}(\mu_{sz} + \mu_N) k_{sg}(\mu_{sg} + \mu_q)} \sigma_c b h_0 + \sum \sigma_{sj} A_{sj} \sin\theta_{sj} \quad (3\text{-}12)$$

上述过程分析和解决的是截面抗剪破坏一般状态,实现了一般配筋楔形截面抗剪承载力的理论计算。

3.1.4 充分配筋楔形截面抗剪承载力

(1)纵向钢筋的充分配筋率

进一步分析式(3-12)中的 V_{R0},该参数对于变量 $k_{sz}(\mu_{sz} + \mu_N)$ 存在极大值,即存在一个纵向钢筋的充分配筋率。超过这一配筋率,截面抗剪承载力将不再增加。通过求导计算可以得到纵向钢筋充分配筋率的条件如下式:

$$\frac{dV_{R0}}{d[k_{sz}(\mu_{sz} + \mu_N)]} = 0 \quad (3\text{-}13)$$

$$1 - 2k_{sz}(\mu_{sz} + \mu_N) = 0 \quad (3\text{-}14)$$

$$k_{sz}(\mu_{sz} + \mu_N) = \frac{1}{2} \quad (3\text{-}15)$$

(2)竖向箍筋的充分配筋率

分析式(3-13)中的 V_{R0} 对于变量 $k_{sg}(\mu_{sg} + \mu_q)$ 存在极大值,即存在一个竖向箍筋的充分配筋率。超过这一配筋率,截面抗剪承载力也不再增加。通过求导计算可以得到箍筋的充分配筋率的条件如下式:

$$\frac{dV_{R0}}{d[k_{sg}(\mu_{sg} + \mu_q)]} = 0 \quad (3\text{-}16)$$

$$1 - 2k_{sg}(\mu_{sg} + \mu_q) = 0 \quad (3\text{-}17)$$

$$k_{sg}(\mu_{sg} + \mu_q) = \frac{1}{2} \quad (3\text{-}18)$$

（3）截面抗剪承载力凹点极大值

将式(3-15)、式(3-18)、$\sigma_c = f_{cd}$ 代入式(3-12)中，可以得到截面抗剪承载力凹点极大值：

$$V_R = V_{R0} = V_{Rc} = 0.5 f_{cd} b h_0 + \sum \sigma_{sj} A_{sj} \sin \theta_{sj} \quad (3-19)$$

$$x_c = \frac{1}{2} h_0 , C_0 = \frac{1}{2} h_0 \quad (3-20)$$

式中：V_{Rc}——截面抗剪承载力凹点极大值；
f_{cd}——混凝土抗压强度设计值。

充分配筋楔形截面抗剪受力分析，如图3-5所示。

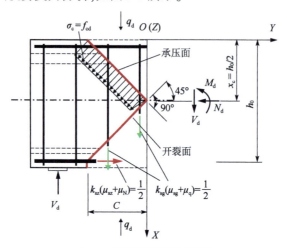

图3-5 充分配筋楔形截面抗剪

基于上述分析，可以得到截面抗剪破坏极大值状态，实现了充分配筋楔形截面抗剪承载力的理论计算修正公式。

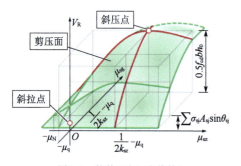

图3-6 抗剪双向极大值特征

（4）抗剪双向极大值特征和最小腹板厚度定义

楔形截面抗剪承载力对变量 $k_{sz}(\mu_{sz} + \mu_N)$ 和变量 $k_{sg}(\mu_{sg} + \mu_q)$ 的变化规律如图3-6所示，楔形截面抗剪承载力 $k_{sz}(\mu_{sz} + \mu_N) = 1/2$、$k_{sg}(\mu_{sg} + \mu_q) = 1/2$ 存在极大值，即存在纵向钢筋、竖向箍筋的充分配筋率。超过这一配筋率，截面抗剪承载力将不再增加。一般配筋抗剪承载力可用于解决传统抗剪压承载力问题。充分配筋抗剪承载力可用于解决传统抗斜压承载力问题。最小腹板厚度定义为充分配筋最小厚度。

3.1.5 无配筋楔形截面抗剪承载力

以节段拼装式结构为例，在接缝处处于无配筋状态时，无配筋楔形截面受拉区混凝土一旦达到抗拉强度，全截面就将进入破坏状态，而截面还基本处于弹性状态。参照前述抗剪计算推演过程，无外辅助楔形截面，为保持受力的平衡，如图3-7所示，上、下半部各形成一个与正截面法线夹角为45°的承压面和开裂面,且分界点位于截面形心处。

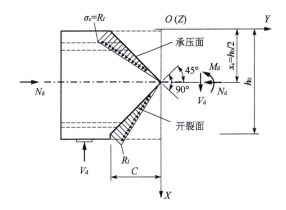

图 3-7 无配筋楔形截面抗剪

取 $\sigma_c = R_l$,可以得到无配筋截面的抗剪承载能力计算公式:

$$V_R = V_{Rl} = 2 \times \frac{R_l bh_0/4}{\cos 45°}\sin 45° = 0.5 R_l bh_0 \tag{3-21}$$

式中:V_{Rl}——截面抗斜拉承载力;

R_l——混凝土抗拉强度设计值。

综上所述,得到了截面抗剪破坏极小值状态,实现了无配筋楔形截面抗剪承载力的理论计算公式,形成了统一的楔形截面抗剪计算模型。无配筋抗剪承载力可用于解决传统抗斜拉承载力问题。

3.1.6 算例分析

以某等截面轻型 T 梁桥为例,采用改进的抗剪承载能力进行验算。该桥面横向宽度为 12.75m,由 4 根 T 梁组成,梁理论跨径 25m,采用等截面预应力混凝土结构。梁高 1.605m,腹板厚 0.22m,实测混凝土强度等级达到 C70,梁体配筋情况如图 3-8 所示。

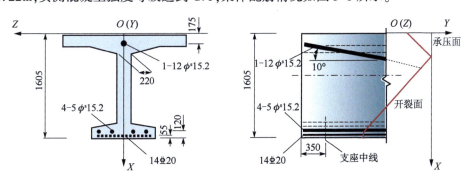

图 3-8 轻型 T 梁端部配筋(尺寸单位:mm)

(1)截面抗剪配筋设计判断

按式(3-19)计算截面抗斜压承载力:$V_{Rc} = 5376.8$kN;

按式(3-20)计算截面抗斜拉承载力:$V_{Rl} = 342.6$kN。

计算最不利单梁支点设计剪力：$V_d = 900.3$ kN。

当 $V_{Rl} < V_d < V_{Rc}$ 时，截面需进行抗剪压配筋设计。

（2）最不利截面抗剪配筋设计验算

该 T 梁设计为混合配筋。纵向和弯起预应力钢筋等代后，与普通纵向钢筋汇总。计算参数如下：

①纵向预应力等代面积：$A_{yy1} = 0.002310 \text{m}^2$。

②弯起预应力等代面积：$A_{yy2} = 0.001365 \text{m}^2$。

③普通纵向钢筋的面积：$A_{sz1} = 0.004398 \text{m}^2$。

④汇总纵向钢筋总面积：$A_{sz} = 0.008073 \text{m}^2$。

其他参数如下：

①$b = 0.22$ m，$h_0 = 1.505$ m。

②$k_{sz} = 10.8198$，$\mu_{sz} = 0.02438$。

③$\sigma_N = 12.6157$ MPa，$\mu_N = 0.03823$。

箍筋为双肢箍筋。计算参数如下：

$k_{sg} = 10.8198$，$\mu_{sg} = 0.01028$，$\mu_q = 0$。

进行抗剪配筋设计后，按式（3-11）计算最不利单梁支点截面抗剪压承载力：

$C_0 = 1.9889$ m，$V_{R0} = 3296.4$ kN $> V_d$，故满足设计要求。

（3）试验截面抗剪配筋设计验算

后续试验验证加载点距支点 0.9 m，即 $C = 0.9$ m，且 $\frac{1}{2}h_0 < C < C_0$。可直接按式（3-12）计算该任意截面抗剪压承载力 $V_R = 4279$ kN $> V_d$，满足设计要求。

同时发现，$k_{sz}(\mu_{sz} + \mu_N) = 0.6774 > 0.5$，表明纵向配筋偏多，可进一步优化。按 $k_{sz}(\mu_{sz} + \mu_N) = 0.5$ 修正计算，$V_R = 4751$ kN，抗剪压承载力更大。

3.1.7 足尺模型试验验证

对上述计算实例，研发了 C70 混凝土足尺模型，进行加载至破坏的试验，研究结构抗剪状态发展过程，验证抗剪理论的符合性。试验验证结果如图 3-9、图 3-10 所示。加载点设置于距支点 0.9 m 处时，最大加载力 4830 kN，超出计算值 4751 kN 约 1.7%。

图 3-9 轻型 T 梁抗剪试验现场

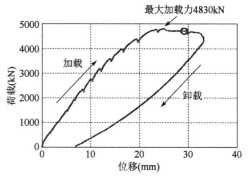

图 3-10 轻型 T 梁抗剪试验荷载位移曲线

考虑到模型实际强度大于计算采用的 30.5MPa 的规范值,这一结果是合理的,也表明抗剪理论具有充分的符合性。

如表 3-1 所示,进一步分析表明,按传统方法得到的各种抗剪承载力之间未见明确的关系,而按本文方法得到的各种抗剪承载力具有明确的递进关系:抗斜压承载力 5377kN > 定点抗剪压承载力 4751kN > 凹点抗剪压承载力 3296kN > 抗斜拉承载力 343kN。

承载能力对比分析表(kN)　　　　　表 3-1

试验与分析	抗剪承载力(kN)	结论
传统抗剪压:$V_R = a_1 a_1 a_1 \times 0.45 \times \sqrt{(2+p)\sqrt{R_c}\mu_{sg}\sigma_{sg}} bh_0 + 0.75 \sum \sigma_{sj} A_{sj} \sin\theta_{sj}$	2327	未见明确关系
传统抗斜压:$V_R = 0.51 \times \sqrt{R_c} bh_0$	1413	
新型抗剪压(距支点 2.0m,承载力凹点):$V_R = 2\sqrt{k_{sz}k_{sg}}\sqrt{[1-k_{sz}(\mu_{sg}+\mu_N)][1-k_{sg}(\mu_{sg}+\mu_q)]} \sqrt{(\mu_{sz}+\mu_N)(\mu_{sg}+\mu_q)}\sigma_c bh_0 + \sum \sigma_{sj} A_{sj} \sin\theta_{sj}$	3296	直观明确递进关系 抗斜压承载力 5377kN > 定点抗剪压承载力 4751kN > 凹点抗剪压承载力 3296kN > 抗斜拉承载力 343kN
新型抗剪压(距支点 0.9m,计算加载点):$V_R = \dfrac{[1-k_{sz}(\mu_{sz}+\mu_N)]k_{sz}(\mu_{sz}+\mu_N)[1-k_{sg}(\mu_{sg}+\mu_q)]\sigma_c bh_0^2}{C} + k_{sg}(\mu_{sg}+\mu_q)\sigma_c bC + \sum \sigma_{sj} A_{sj} \sin\theta_{sj}$	4751	
新型抗斜压(距支点 0.75m,承载力上限):$V_R = 0.5 f_{cd} bh_0 + \sum \sigma_{sj} A_{sj} \sin\theta_{sj}$	5377	
试验加载值(距支点 0.9m,试验加载点)	4830	符合计算

同类计算和试验验证共进行 5 组,结果一致,如图 3-11 所示。这对最终形成系统的截面抗剪计算理论具有积极作用。

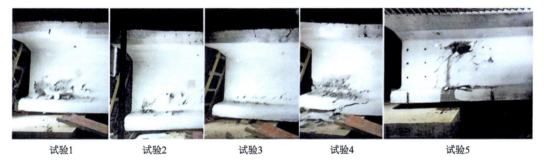

图 3-11　轻型 T 梁抗剪破坏形态

截面抗剪计算理论研究提出了楔形截面抗剪破坏模型,推导出组合作用下截面与配筋对应的抗剪压、斜压、斜拉计算公式。研究揭示了箍筋部分抗剪现象、抗剪双向极值特征,明确了构件最小腹板厚度定义,建立了抗剪状态间的应力关系和承载力的界限。理论计算和试验验证表明,采用本研究提出的截面抗剪计算理论及其公式,可更为精准地设计计算截面抗剪承载力。

3.2 体外索承梁极限承载能力计算方法

全体外预应力节段拼装桥梁的拉索置于梁体之外,简化了梁体节段构造,实现了标准化预制、快速拼装,理应成为桥梁技术向工业化方向发展的一个典型代表。但在工程实践的传统认知中,认为体外预应力的偏心距较小,承载能力的效率较低。试验证明作为体外预应力节段梁桥关键承重部分的体外预应力拉索,应该结合简洁的构造,通过降低梁体自重提高自身使用效率,实现与结构优势互补的效果。

但在结构承载过程中,由于体外索和混凝土处于无黏结状态,与计算截面不存在变形平面假定关系,难以作为截面的一部分计算其工作中的内力。内力计算往往达不到极限强度,截面承载能力因而低于相应体内配筋梁,安全堪忧。这也是体外索承梁常被质疑的问题。对此,从一个新的视角分析解决问题,发展和改进这种结构极限状态设计原理和方法,十分必要。

3.2.1 体外拉索的极限状态分析

在结构体外设置体外拉索,与混凝土截面联合受力,形成混合截面。基于变形协调原理,分析体外拉索极限状态特征,提出体外拉索应力增量和应力的准确计算方法,为后续进行混合截面极限强度计算提供关键数据。

(1)截面极限状态下体外拉索的应变

以一个计算跨径 l_0 的梁体为研究对象,将多根体外拉索拟合为一根三角形布设、高度为 h_{sj} 的体外拉索,如图3-12所示,其承载时的变形状态以正弦曲线表示为下式:

$$y = \Delta h \sin\left(\frac{\pi}{l_0}x\right) \tag{3-22}$$

式中:y——任意位置的竖向变形;

Δh——跨中最大竖向位移;

l_0——计算跨径;

x——里程坐标。

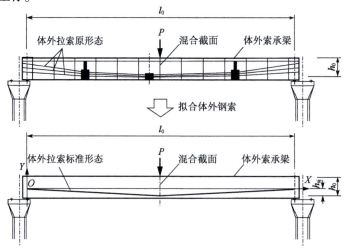

图3-12 体外拉索结构体系示意

推演得到拉索增量计算过程的主要参数,如图 3-13 所示:

$$\Delta h = |y_0''| \frac{l_0^2}{\pi^2} = \frac{\lim(\varepsilon_s - \varepsilon_c)}{h_0} \frac{l_0^2}{\pi^2} \tag{3-23}$$

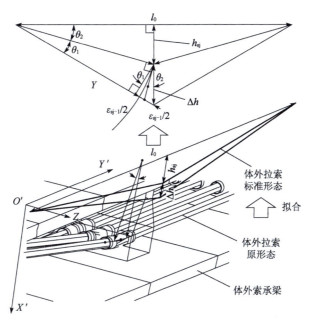

图 3-13　体外拉索变形、应力计算示意图

截面极限应变状态下结构底缘伸长应变 ε_{sj-1} 计算公式:

$$\varepsilon_{sj-1} = \frac{\Delta h \theta_1}{l_0} = \frac{2}{\pi^4} \left[\frac{l_0 \lim(\varepsilon_s - \varepsilon_c)}{h_0} \right]^2 \tag{3-24}$$

截面极限应变状态下体外拉索下挠应变 ε_{sj-2} 计算公式:

$$\varepsilon_{sj-2} = \frac{2\Delta h \theta_2}{l_0} = \frac{4}{\pi^2} \frac{h_{sj} \lim(\varepsilon_s - \varepsilon_c)}{h_0} \tag{3-25}$$

截面极限应变状态下体外拉索应变 ε_{sj} 计算公式:

$$\varepsilon_{sj} = \varepsilon_{sj-1} + \varepsilon_{sj-2} \tag{3-26}$$

式中:$\lim(\varepsilon_s - \varepsilon_c)$——截面极限相对应变;

　　　　ε_c——截面受压区边缘压应变;

　　　　ε_s——截面受拉区边缘钢筋拉应变;

　　　　h_0——截面有效高度;

　　　　h_{sj}——体外拉索的布设高度。

(2)截面极限状态下体外拉索的应力增量和应力

截面极限应变状态下,体外拉索应变有其独立的表现形式,应力也有其独立的计算方式。

截面极限应变状态下体外拉索应力增量 $\Delta\sigma_{sj}$ 计算公式为:

$$\Delta\sigma_{sj} = E_{sj}(\varepsilon_{sj-1} + \varepsilon_{sj-2}) \tag{3-27}$$

截面极限应变状态下体外拉索应力 σ_{sj} 计算公式为:

$$\sigma_{sj} = \sigma_{sj0} + \Delta\sigma_{sj} \quad (3\text{-}28)$$

式中：E_{sj}——体外拉索的弹性模量；

σ_{sj0}——体外拉索的初始应力。

由上述分析可见，体内钢筋应力达到设定的极限强度，但体外拉索应力并不与此同步，视总体结构和自身设置而定。

（3）算例分析

某跨江大桥采用的全体外预应力节段拼装箱梁为例，如图 3-14 所示，计算跨径 $l_0 = 40\text{m}$，有效高度 $h_0 = 2.5\text{m}$，体外拉索采用钢绞线，材料弹性模量 $E_{sj} = 1.95 \times 10^5 \text{MPa}$，平均布设高度 $h_{sj} = 1.25\text{m}$，逐跨锚固。

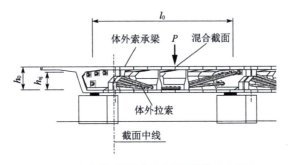

图 3-14　全体外预应力节段拼装箱梁构造示意图

当截面处于极限状态下，计算对应的主要参数如下：

$$\lim(\varepsilon_s - \varepsilon_c) = 0.0017 - (-0.0033) = 0.005 \quad (3\text{-}29)$$

$$\Delta\sigma_{sj} = 1.95 \times 10^5 \left[\frac{2}{\pi^4} \left(\frac{40 \times 0.005}{2.5} \right)^2 + \frac{4}{\pi^2} \frac{1.75 \times 0.005}{2.5} \right] = 25 + 277 = 302 \text{MPa} \quad (3\text{-}30)$$

$$\sigma_{sj0} = 930 \text{MPa} \quad (3\text{-}31)$$

$$\sigma_{sj} = \sigma_{sj0} + \Delta\sigma_{sj} = 1270 \text{MPa} \quad (3\text{-}32)$$

计算表明，在截面达到极限应变状态时，体外拉索的应力 σ_{sj} 尚未达到材料的极限强度 186MPa。其不利之处在于，计算箱梁截面承载能力将低于相应体内配筋梁。其有利之处在于，对于全体外预应力节段拼装箱梁结构，当拼装缝处无体内钢筋通过时，上述截面的极限应变状态是可恢复的，故并非真实的极限状态意义。计算箱梁截面的真实承载能力应该在发生了大变形后的全新状态下进行。

通过建立体外拉索应力增量与箱梁截面极限相对应变之间的对应关系，直接反映了变形协调要求，保证了计算的客观性和准确性。

3.2.2　体外索承梁的极限承载能力计算

由前面分析可知，体外索承梁的体外拉索，其应力滞后于混凝土截面达到极限状态，形成具有大变形功能的混合梁体。下面基于大变形原理，分析体外拉索极限状态下体外索承梁大变形形态，提出大变形状态下体外索承梁极限承载能力计算的方法，论证其比传统认知具有更高的极限承载能力。

(1) 体外索承梁的大变形形态

依据图 3-15 所示的变形协调关系,可以推导得到体外拉索应变与梁体变形间的协调关系公式如下:

$$\varepsilon_{sj} = 2\frac{\Delta h^2}{l_0^2} + 4\frac{h_{sj}\Delta h}{l_0^2} \tag{3-33}$$

式中:ε_{sj}——体外拉索的拉应变;

Δh——一跨的最大挠度;

l_0——一跨的计算长度;

h_{sj}——体外拉索的布设高度。

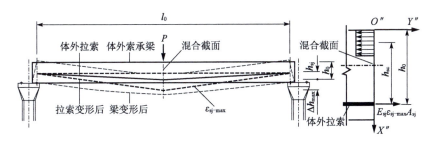

图 3-15 体外索承梁变形和承载示意图

进一步由式推演,得在体外钢索极限状态下,体外索承梁的大变形形态 Δh_{max} 的计算公式如下:

$$\Delta h_{max} = \sqrt{0.5\varepsilon_{sj-max} + \left(\frac{h_{sj}}{l_0}\right)^2} \times l_0 - h_{sj} \tag{3-34}$$

式中:Δh_{max}——一跨的极限挠度;

ε_{sj-max}——体外拉索的极限拉应变。

(2) 体外索承梁承载能力的特征值

应在大变形状态下计算体外索承梁真实的承载能力。此时,体外索承梁的承载能力不仅包括传统计算的结果,而且包括大位移引起的结构承载形态的改变。计入这两部分因素,推演得到大变形状态下的体外索承梁承载能力特征值 P 的计算公式如下:

$$P = 4E_{sj}\varepsilon_{sj-max}A_{sj}\left[\frac{h_{sc}}{l_0} + \sqrt{0.5\varepsilon_{sj-max} + \left(\frac{h_{sj}}{l_0}\right)^2}\right] \tag{3-35}$$

式中:P——作用于体外索承梁中部的集中荷载;

E_{sj}——体外拉索的弹性模量;

h_{sc}——混合截面上体外拉索至截面受压区的距离。

(3) 体外索承梁的变形形态和承载能力判断

为进一步量化体外索承梁变形形态与相应的体内配筋梁的差别,由式(3-34)推演得出体外索承梁变形形态判断公式如下:

$$K_h = \left[\sqrt{0.5\varepsilon_{sj-max} + \left(\frac{h_{sj}}{l_0}\right)^2} - \frac{h_{sj}}{l_0}\right]\frac{h_0}{l_0}\frac{\pi^2}{\lim(\varepsilon_s - \varepsilon_c)} \tag{3-36}$$

同理,为进一步量化体外索承梁承载能力与相应的体内配筋梁的差别,由式(3-35)、式(3-36)推演得体外索承梁承载能力判断公式如下:

$$K_\mathrm{P} = 1 + \frac{\sqrt{0.5\varepsilon_{\mathrm{sj-max}} + \left(\dfrac{h_{\mathrm{sj}}}{l_0}\right)^2}}{\dfrac{h_{\mathrm{sc}}}{l_0}} \quad (3\text{-}37)$$

式中:K_h——体外索承梁极限挠度与相应的体内配筋梁极限挠度的比值;

K_P——体外索承梁承载能力与相应的体内配筋梁承载能力的比值。

(4)算例分析

某跨江大桥引桥采用全体外预应力节段拼装箱梁形式的体外索承梁,其计算跨径 l_0 = 40m,有效高度 h_0 = 2.5m,体外拉索采用 8 根 32 股 ϕ^s15.2 钢绞线,材料弹性模量 E_{sj} = 1.95 × 10^5 MPa,逐跨锚固。

将 8 根 32 股 ϕ^s15.2 钢绞线体外钢索近似等代为一根三角形布设的体外拉索,高度 h_{sj} = 1.25m,面积 A_{sj} = 0.03442m²。

计算体外索承梁大变形形态,跨中混合截面的最大挠度为:

$$\Delta h_{\max} = \sqrt{0.5 \times 0.00477 + \left(\frac{1.25}{40}\right)^2} \times 40 - 1.25 = 1.069\mathrm{m}$$

计算体外索承梁承载能力特征值,作用于跨中混合截面的最大集中荷载为:

$$P = 4 \times 1860 \times 0.03442 \left[\frac{2}{40} + \sqrt{0.5 \times 0.00477 + \left(\frac{1.25}{40}\right)^2}\right] = 27652\mathrm{kN}$$

判断体外索承梁变形形态:

$$K_\mathrm{h} = \left[\sqrt{0.5 \times 0.00477 + \left(\frac{1.25}{40}\right)^2} - \frac{1.25}{40}\right] \frac{2.5}{40} \frac{\pi^2}{0.005} = 3.2977$$

计算表明,极限状态下,体外索承梁最大挠度是相应的体内配筋梁最大挠度的 3.2977 倍。

判断体外索承梁的承载能力:

$$K_\mathrm{P} = 1 + \frac{\sqrt{0.5 \times 0.00477 + \left(\dfrac{1.25}{40}\right)^2}}{\dfrac{2}{40}} = 2.1596$$

计算表明,极限状态下,体外索承梁承载能力是相应的体内配筋梁承载能力的 2.1596 倍。

3.2.3 足尺模型试验验证

根据上述理论分析,采用了 C50 混凝土、40m 跨径全体外预应力节段拼装箱梁足尺模型,进行加载至破坏的试验(图 3-16),研究结构纯弯、压弯状态发展过程,验证体外索承梁存在大变形高承载索状态推论的符合性。

加载点设置于一跨的跨中,试验结束时,梁体处于大挠度、大裂缝的状态。此时,梁体的抗弯承载力已达到设计值的 1.32 倍。由此推算,3 倍的汽车荷载才能达到这样效果。这表明,体外拉索虽不与计算截面同步变形,内力计算往往达不到极限强度,但全体外、轻型化的合理设计可使得体外索承梁达到与体内配筋梁相同的承载能力,结构的安全性有充分保证。

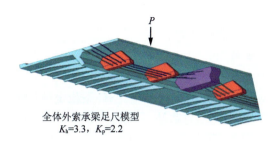

图 3-16　全体外预应力拉索阶段拼装箱梁抗弯试验

结构跨中具有超过设计值 87000kN·m 达到计算承载能力的 20%。试验中竖向变形达 306mm 仍可恢复。试验结束时,梁体虽然下部开裂,但索未断、顶未溃,多次卸载,结构均弹性回归。梁体并未达到真正的极限状态,而是进入一种大变形弹性状态,即一种可恢复破坏状态,可称为弹性离散体状态。试验验证了体外索承梁存在高承载大变形索承压梁状态推论的符合性。

研究提出了一种全新的体外拉索支承梁体结构的设计计算方法,实现了大变形状态下体外索承梁结构承载能力的准确计算。解决了传统计算不全面、安全度相对低、应用效果差等问题,论证了体外索承梁超越传统认知的安全性能。系统的理论研究得到了试验的直接验证,推动了设计理论的创新与结构技术的发展。

3.3　子构件偏心抗压计算方法

3.3.1　基本概念

截面偏心抗压承载能力的一般计算公式如下:

$$\begin{cases} N_d \leqslant N_R \\ N_d e_d \leqslant M_R = N_R e_R \\ e_d = \eta_i e_i \end{cases} \quad (3\text{-}38)$$

式中:N_d——截面的设计压力;

　　　N_R——截面的抗压承载力;

e_d——截面的设计压力极限偏心距；
e_R——截面的计算抗力极限偏心距；
M_R——截面的抗压弯承载力；
η_i——压力偏心距增大系数。

其中，压力偏心距增大系数 η_i 如何进行准确计算，是稳定性计算中需要解决的关键问题。国内外规范一般采用简化计算，其基本思路是：采用计算长度 l_0、两端铰支、等截面的受压构件，计算位于构件中点的压力偏心距增大系数，进行弯矩的放大。构件压力偏心增大示意如图3-17所示。

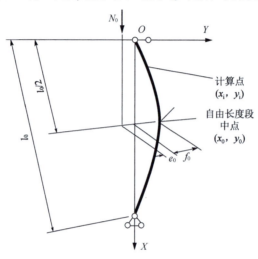

图3-17 构件压力偏心增大示意图

已知偏心受压构件的典型弯曲方程如下：

$$E_0 I_0 y'' = -N_0 y \quad (3-39)$$

式中：E_0——构件的弹性模量；
I_0——构件截面惯性矩；
N_0——构件上轴向压力。

推演得弯曲方程的物理解如式（3-40）：

$$y = f_0 \sin(\omega x) \quad (3-40)$$

式中：f_0——自由长度段重点最大挠度；
$\omega = \sqrt{\dfrac{N_0}{E_0 I_0}}$；
x——计算位置坐标。

对应弯曲方程的几何解如下：

$$y = f_0 \sin\left(\dfrac{\pi}{l_0} x\right) \quad (3-41)$$

$$N_0 = \dfrac{E_0 I_0 \pi^2}{l_0^2} \quad (3-42)$$

基于上述推导，可将正弦曲线作为压弯变形的基准形态。当已知构件中点的极限曲率 $|y_0''|$ 时，推导得到构件中点的最大挠度 f_0 计算公式如下：

$$f_0 = |y_0''| \frac{l_0^2}{\pi^2} \quad (3\text{-}43)$$

如图 3-18 所示，对于构件上任一点 x 位置，其曲率 y'' 与截面变形之间的关系如下：

$$y''dx = \frac{-(\varepsilon_s - \varepsilon_c)dx}{h_0} \quad (3\text{-}44)$$

$$y'' = -\frac{\varepsilon_s - \varepsilon_c}{h_0} \quad (3\text{-}45)$$

式中：ε_c——构件截面受压区边缘压应变；
ε_s——构件截面受拉区边缘钢筋拉应变；
h_0——构件截面有效高度。

由此推演得构件中点的极限曲率 $|y_0''|$ 计算公式如下：

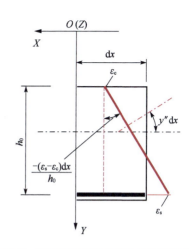

图 3-18 构件曲率与截面变形之间的关系示意图

$$|y_0''| = \frac{\lim(\varepsilon_s - \varepsilon_c)}{h_0} \quad (3\text{-}46)$$

式中：$\lim(\varepsilon_s - \varepsilon_c)$——构件截面极限相对应变。

进而得到构件中点的压力偏心距增大系数 η_0 计算公式如下：

$$\eta_0 = 1 + \frac{f_0}{e_0} \quad (3\text{-}47)$$

式中：e_0——构件中点的压力偏心距。

由上述推导过程可见，压力偏心距增大系数 η_0 在结构的一个自由长度段、对应最大曲率的中点上成立。但计算中经常遇到的情况是计算点 i 并不是位于结构的某个自由长度段的中点。在此情况下，传统计算点 i 处压力偏心距增大系数 η_i 统一采用中点计算值，即下式：

$$\eta_i = \eta_0 \quad (3\text{-}48)$$

直接采用中点的偏心距放大值偏大，这并不符合结构真实变形状态，需要提出一种新的构件压弯计算模型。

3.3.2 子构件压力偏心距增大系数

为了解决上述问题，提出一种新的构件压弯分析模型，如图 3-19 所示。其基本思路是：在既定计算长度 l_0、两端铰支、等截面的受压构件上，建立以计算点为中点、计算点至构件近端的距离为半长的子构件，首先计算位于子构件中点的压力偏心距增大系数 η_0，进而以计算点至构件远、近端距离的比值进行修正，得到构件任意点的压力偏心距增大系数 η_i，实现弯矩的放大。

将正弦曲线作为压弯变形的基准形态，推演得计算点 i 的挠度 y_i 计算公式如下：

$$y_i = |y_0''| \frac{l_0^2}{\pi^2} \sin\left(\frac{\pi}{l_0} x_i\right) \quad (3\text{-}49)$$

对于等截面构件，计算点 i 的极限曲率 $|y_i''|$ 与中点的极限曲率 $|y_0''|$ 具有相同的意义，见下式：

$$|y_i''| = |y_0''| = \frac{\lim(\varepsilon_s - \varepsilon_c)}{h_0} \quad (3\text{-}50)$$

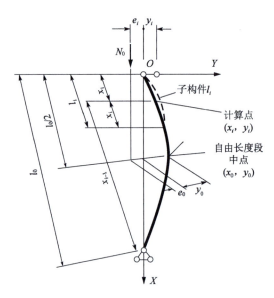

图3-19 子构件压力偏心增大示意

对式(3-50)进行展开处理,并以点i的极限曲率$|y_i''|$代替$|y_0''|$,推演得:

$$y_i = |y_i''| \frac{l_i^2}{\pi^2} \times \frac{x_{i\sim l}}{x_i} \tag{3-51}$$

式中:x_i——点i至构件近端的距离;

$x_{i\sim l}$——点i至构件远端的距离;

l_i——以点i为中点、x_i为半长的子构件长度,$l_i = 2x_i$。

进而得到构件任意点i的压力偏心距增大系数η_i:

$$\eta_i = 1 + \frac{y_i}{e_i} \tag{3-52}$$

式中:e_i——构件任意点i的压力偏心距。

这种子构件压力偏心距增大系数计算方法,解决了构件压弯计算的合理性问题,表现出明确的物理意义和几何意义,以子构件为例保持了对以往计算方法的继承,在形式上更方便人们的理解和使用。

3.3.3 两种压力偏心距增大系数的比较

为了直观地分析比较传统压力偏心系数与基于子构件计算得到的偏心系数之间的关键,进一步分析子构偏心系数的极大值。

任意位置x_i处对应的y_i与y_0的比值如下式:

$$\frac{y_i}{y_0} = \frac{l_i^2}{l_0^2} \times \frac{x_{i\sim l}}{x_i} = \frac{x_i(l_0 - x_i)}{(l_0/2)^2} \tag{3-53}$$

对于式(3-53)中的$\frac{y_i}{y_0}$,其对变量x_i具有极大值,对其求导,并令其导数为0,可得到下式:

$$\frac{d\left(\dfrac{y_i}{y_0}\right)}{dx_i} = 0 \tag{3-54}$$

$$l_0 - 2x_i = 0 \tag{3-55}$$

将 $x_i = \dfrac{l_0}{2}$ 代入式(3-53)，结果得 $\max\limits_{0 \leqslant x_i \leqslant 1}\left(\dfrac{y_i}{y_0}\right) = 1$，即 $\dfrac{y_i}{y_0} = 0 \sim 1 \leqslant 1$，即总是有：

$$y_i \leqslant y_0 \tag{3-56}$$

由于 e_i、e_0 具有相同的意义，即 $e_i = e_0$，故总是有：

$$\eta_i \leqslant \eta_0 \tag{3-57}$$

这表明新的子构件压力偏心距增大系数计算值 η_i 总是不大于传统计算值 η_0，有时甚至很小，这一结论在物理意义和几何意义上也更为合理。

3.3.4 算例分析

对钢筋混凝土构件，ε_c 取混凝土极限压应变 0.0033，ε_s 取 HRB335 级钢筋抗拉强度标准值对应的应变 0.0017，推导得到更具体的 η_0、η_i 如下式：

$$\eta_0 = 1 + \frac{1}{2000} \frac{l_0^2}{e_0 h_0} = 1 + \frac{1}{2000} \frac{(l_0/h_0)^2}{e_0/h_0} \tag{3-58}$$

$$\eta_i = 1 + \frac{1}{2000} \frac{l_i^2}{e_i h_i} \times \frac{x_{i-l}}{x_i} = 1 + \frac{1}{2000} \frac{(l_i/h_0)^2}{e_i/h_0} \times \frac{x_{i-l}}{x_i} \tag{3-59}$$

如图 3-20 所示，如对索塔，塔底计算 η_0、l_0 采用两倍塔高 $2H$；塔顶向下 1/4 塔高处计算 η_i、l_i 采用 $H/2$。结果表明，越接近塔顶，压力偏心距增大系数 η_i 越小。这与考虑大位移效应的有限元计算结论实际是相符的：

$$\eta_0 = 1 + \frac{(2H)^2}{2000 e_0 h_0} = 1 + \frac{H^2}{500 e_0 h_0} \tag{3-60}$$

$$\eta_i = 1 + \frac{(H/2)^2}{2000 e_i h_0} \times \frac{2H - H/4}{H/4} = 1 + \frac{H^2}{1100 e_i h_0} \tag{3-61}$$

取 $e_i = e_0$，则有：

$$\eta_i \leqslant \eta_0 \tag{3-62}$$

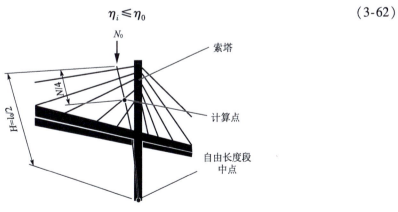

图 3-20 索塔压力偏心增大示例

理论研究结论在算例分析上得到直接反映,新的子构件抗压模型及设计方法,具有明确的物理意义和几何意义,解决了构件偏心抗压计算的合理性问题,推动了设计理论的创新与结构技术的发展。

3.4 体外拉索偏转防护计算方法

3.4.1 主要问题

随着拉索结构形式的发展和物理性能的提升,体外拉索在结构工程中的应用越来越广泛,如预应力混凝土梁内的体外拉索(图 3-21)、矮塔斜拉桥上的纵向过塔拉索,以及近年在常规斜拉桥上发展出的同向回转拉索等。

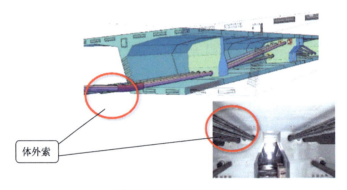

图 3-21 体外索承梁结构

在工程应用中,体外拉索一般以各种形式的转向器或鞍座进行偏转,当采用摩擦型或夹持型转向器或鞍座时,在弯曲段会出现微动磨蚀,尤其是弯曲段端部。如不建立一套系统的理论,并加以控制,体外拉索将容易引发磨蚀断裂现象。

3.4.2 拉索偏转磨蚀

(1)拉索在弧线端部的微动

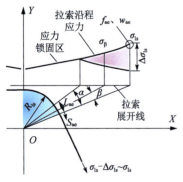

图 3-22 偏转拉索弧线端部微动模态

具有轴向拉力的拉索由直到曲偏转时,根据其在鞍座内摩擦力拉力递减的特征,可更准确地对其在弧线端部的微动进行模态判断。在存在交替变化应力的情况下,拉索在转向端口位置出现的微动磨损示意如图 3-22 所示。

拉索在弧线端部有上限拉应力 σ_{ls} 时,则在累计偏转角 β 处的拉力 σ_β 的计算如下:

$$\sigma_\beta = \sigma_{ls} e^{-\mu\beta} \tag{3-63}$$

式中:σ_{ls}——拉索在弧线端部上限拉应力;
  μ——拉索与鞍座间摩擦系数。

拉索在弧线端部有下限拉应力 $\sigma_{ls} - \Delta\sigma_{ls}$ 时,存在一锁固

偏转角 α，该处的拉应力 σ_α 满足以下拉应力变化条件：

$$\sigma_{ls} - \Delta\sigma_{ls} = T\,\mathrm{e}^{-\mu\alpha}\mathrm{e}^{-\mu\alpha} \tag{3-64}$$

进而可知，锁固偏转角 α 的计算公式：

$$\alpha = \frac{1}{2\mu}\ln\frac{1}{1-\Delta\sigma_{ls}/\sigma_{ls}} \tag{3-65}$$

式中：$\Delta\sigma_{ls}$——拉索在弧线端部拉应力变幅。

则拉索在弧线端部的运动区 L_{ae} 的计算公式如下：

$$L_{ae} = \frac{R_{ls}}{2\mu}\ln\frac{1}{1-\Delta\sigma_{ls}/\sigma_{ls}} \tag{3-66}$$

式中：R_{ls}——拉索弯曲半径。

对应拉索在弧线端部的微动量 s_{ae} 的计算公式如下：

$$s_{ae} = \frac{R_{ls}\sigma_{ls}}{\mu E_{ls}}(1-\sqrt{1-\Delta\sigma_{ls}/\sigma_{ls}})^2 \tag{3-67}$$

式中：E_{ls}——拉索弹性模量。

拉索在鞍座弯曲段端部的微动量大，是控制因拉索发生磨蚀引发疲劳断裂的重要指标，一般将其作为对比判断磨蚀度的依据。

（2）控制参数分析示例

针对不同使用场景，对其微动状态进行算例分析。

①示例场景1

体外拉索偏转防护试验台，弯曲半径2.25m。拉索上施加的上限拉应力837MPa，拉应力变幅200MPa，材料弹性模量1.95×10^5MPa，夹持摩擦系数0.6。按照式（3-66）和式（3-67）计算可以得到对应的微动状态如下：

拉索在弧端运动区的长度：$L_{ae} = 512$mm；

拉索在弧线端部的微动量：$s_{ae} = 0.26$mm。

上述计算结果与试验中观察到的拉索的实际磨损现象吻合良好。

②示例场景2

体外拉索的工程应用设计，弯曲半径2.8～4.45m。拉索拉应力465～760MPa，最大拉应力变幅95MPa，材料弹性模量1.95×10^5MPa，夹持摩擦系数0.6。按照式（3-66）和式（3-67）计算可以得到对应的微动状态如下：

拉索在弧端运动区的长度：$L_{ae} = 495$～847mm；

拉索在弧线端部的微动量：$s_{ae} = 0.12$～0.21mm。

对比场景1与场景2可知，体外拉索的工程应用设计磨蚀度轻于试验模型，在试验满足模式防护的前提下，工程实体拉索的防护处于可控状态。

（3）拉索在弧线端部的摩擦功

上述对比判断磨蚀度的方法和指标仍有不足，按上述公式计算，弯曲半径增大，拉索在弧线端部的微动量将随之增大，表示磨蚀度加重。这与曲线缓、磨蚀轻的常规认识不符，表明研究考虑的因素还不够全面。

为改进对比判断磨蚀度的方法，研究引入摩擦功概念，定义为拉索在弧线端部摩擦力与微动量的积,在微动—摩擦—磨蚀—疲劳断裂过程中,更真实地判断磨蚀度和疲劳断裂。

推演得出:

拉索在弧线端部的摩擦力 f_{ae} 的计算公式为:

$$f_{ae} = \frac{\mu \sigma_{ls}}{R_{ls}} \quad (3-68)$$

拉索在弧线端部的摩擦功 w_{ae} 的计算公式为:

$$w_{ae} = f_{ae} s_{ae} = \frac{\sigma_{ls}^2}{E_{ls}} (1 - \sqrt{1 - \Delta \sigma_{ls}/\sigma_{ls}})^2 \quad (3-69)$$

相比弧线端部的微动量 s_{ae},式(3-68)消除了弯曲半径 R_{ls}、摩擦系数 μ,相应消除了对比判断上存在的矛盾。

按照摩擦功考虑,上述体外拉索偏转防护试验台(示例场景1),计算得到拉索在弧线端部的摩擦功 w_{ae} =0.117MPa。

按照摩擦功考虑,上述体外拉索的工程应用设计(示例场景2),计算得到拉索在弧线端部的摩擦功 w_{ae} =0.067MPa。对比表明,体外拉索的工程应用设计磨蚀度轻于试验模型,对比判断更加简单、明白。

综上,数值比较仍是带有片面性,对拉索在弧线端部的摩擦功求导,进一步在微分层面上揭示其中更具普遍意义的规律:

$$\frac{\partial w_{ae}}{\partial \sigma_{ls}} = -A_{ls} \frac{(1-\sqrt{1-\Delta\sigma_{ls}/\sigma_{ls}})^3}{\sqrt{1-\Delta\sigma_{ls}/\sigma_{ls}}} \leqslant 0 \quad (3-70)$$

$$\frac{\partial w_{ae}}{\partial \Delta \sigma_{ls}} = B_{ls} \left(\frac{1}{\sqrt{1-\Delta\sigma_{ls}/\sigma_{ls}}} - 1 \right) \geqslant 0 \quad (3-71)$$

式中:A_{ls}、B_{ls}——与 μ、E_{ls} 相关的正常数。

上述分析结果表明:

①拉索在弯曲段端部的磨蚀疲劳与半径和转角无关。
②应力幅度增大,拉索弯曲段的磨蚀疲劳直接加重。
③上限应力增大,拉索弯曲段的磨蚀疲劳反而缓解。
④可在不同防护材料试验的基础上,通过广义判别公式分析判别不同应用场景。

3.4.3 拉索偏转防护控制

由于拉索存在一定的纵向刚度,进行由直到曲的转换时,还需一个弧线端部的附加弯矩克服纵向刚度才可完成。如图3-23所示,由于弧线端部的附加弯矩源自一对沿拉索的反向径向压力,故两种作用叠加后将在弧线端部形成局部径向压力集中区域。拉索在此区域的受力更加不利,磨蚀将加重,需要重点防护。因此,进一步解决防护偏转拉索的防护度和防护点问题十分必要。

(1)拉索在弧线端部的受力

具有纵向刚度的拉索由直到曲转换时,根据其在形状上紧贴鞍座弯曲段端部的特征,可更准确地模态判断其在弧线端部上的受力。

拉索在弧线端部常规径向分布力 q_1 的按下式计算:

$$q_1 = \frac{T_{ae}}{R_{ae}} \tag{3-72}$$

式中：T_{ae}——拉索在弧线端部纵向拉力；

R_{ae}——拉索在弧线端部弯曲半径。

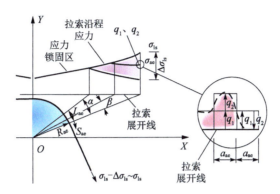

图 3-23 偏转拉索弧线端部受力

拉索在弧线端部附加径向分布力偶 q_2 用于克服拉索纵向刚度进行半径 R_{ae} 的弯曲。基于拉索在弧线端部即形成弯曲的特征，提出拉索弧线端部挤压变形能密度最高准则：q_2 与 q_1 的叠加应使在 q_2 分布区间 $2a_{ae}$ 上产生的拉索挤压变形能密度 E_{ae} 最高。建立这一准则下的端部能密度方程如下：

$$E_{ae} = m_{ae}[(q_1-q_2)^2 + (q_1+q_2)^2] \tag{3-73}$$

式中：m_{ae}——拉索材料特性、截面形状等有关的参数。

进一步对式(3-73)求导：

$$\frac{dE_{ae}}{dq_2} = 4m_{ae}q_2 \geqslant 0 \tag{3-74}$$

结果表明：随着 q_2 的增加，挤压变形能也在增加。由于拉索弧线端部不可能脱离鞍座，使挤压变形能最高的 q_2 只能为：

$$q_2 = q_1$$

（2）拉索在弧线端部的高压区间

基于偏转拉索在弧线端部的受力解析计算公式，进一步研究拉索在弧线端部附加径向分布力偶 q_2 分布区间 $2a_{ae}$。

拉索具有弹性模量 E_{ls}、纵向刚度 I_{ls}，弧线端部附加径向分布力偶 q_2 的力偶矩 M_{ae} 使其产生半径 R_{ae} 的弯曲。

建立这一状态下的端部弯曲方程如下：

$$E_{ls}I_{ls}y'' = M_{ae} \tag{3-75}$$

将 $y'' = \frac{1}{R_{ae}}$，$M_{ae} = q_2 a_{ae}^2 = q_1 a_{ae}^2 = \frac{T_{ae}}{R_{ae}} a_{ae}^2$ 代入式(3-75)，得到：

$$E_{ls}I_{ls}\frac{1}{R_{ae}} = \frac{T_{ae}}{R_{ae}} a_{ae}^2 \tag{3-76}$$

$$a_{ae} = \sqrt{\frac{E_{ls}I_{ls}}{T_{ae}}} \qquad (3\text{-}77)$$

进一步将 $I_{ls} = A_{ls}r_{ls}$ 代入式（3-77），得到：

$$a_{ae} = \sqrt{\frac{E_{ls}}{\sigma_{ae}}} r_{ls} \qquad (3\text{-}78)$$

式中：σ_{ae}——拉索在弧线端部纵向拉力，$\sigma_{ae} = \dfrac{T_{ae}}{A_{ls}}$；

$\quad\quad A_{ls}$——拉索截面面积；

$\quad\quad r_{ls}$——拉索截面回转半径。

即在距拉索弧线端部 a_{ae} 至 $2a_{ae}$ 之间，作用于拉索的两种径向分布力叠加，形成径向压力集中，磨蚀疲劳加重，是需要重点防护的区间。

（3）算例分析

体外拉索采用钢绞线拉索，材料弹性模量 E_{ls} 为 1.95×10^5 MPa，设计弧线端部纵向拉应力 σ_{ae} 为 720MPa，单根钢绞线截面回转半径 r_{ls} 为 4.5mm。计算可得：

$$a_{ae} = 74.1 \text{mm}$$

即在距拉索的弧线端部 74.1~148.2mm，作用于拉索的两种径向分布力叠加，是需要重点防护的区间。这与拉索试验磨损结果吻合。

3.4.4 足尺模型试验验证

在技术研究过程中，研发了一种小半径大转角体外拉索偏转防护试验台，相关参数与 3.4.3 算例中的相同。试验台内设最小半径 2m 的 60°V 形金属分丝管，回转角 155°达到设计的极端值，以期通过模拟拉索在变幅拉、弯、侧压下的磨蚀过程，验证拉索偏转防护理论的符合性。

试验验证结果如图 3-24、图 3-25 所示，结合上述算例分析，证明了防护理论具有充分的符合性。

图 3-24　体外拉索偏转防护试验台

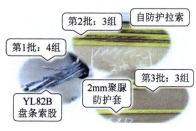

图 3-25　体外拉索偏转防护试验结果

拉索偏转磨蚀判断模型揭示出拉索偏转的磨蚀与半径和转角无关，由应力幅主控的规律，解决了拉索偏转防护的控制因素问题。拉索偏转磨蚀防护模型分解了弧线端部复杂的局部径向压力，实现了定量化计算，解决了拉索偏转防护的防护度和防护点问题。系统地设计拉索偏转防护模型为研究和应用体外拉索提供了完整的理论与试验支持。

3.5 薄壁通道与土体联合作用计算方法

3.5.1 主要问题

通道设置于土体之中,在施工和使用阶段,结构周边的土体对结构既产生荷载效应,也提供支撑效果,结构与土体处于联合作用状态。

目前,通道传统的计算方法均基于经典土力学的计算,按土柱法计算永久作用竖向土压力,按主动土压力计算侧向土压力,按应力扩散角法计算车辆荷载引起的竖向土压力。计算车辆荷载引起的侧向土压力时,将车辆荷载在填土破坏棱体上换算成等代均布土层。竖向土压力计算为基于弹性理论的简化计算方法,而侧向土压力计算为基于极限状态理论的近似计算方法,两种方法不应混合使用。计算仅适用于对局部结构固定状态的分析和描述,难以分析通道与土联合作用体系的工作过程或描述整体结构平衡状态,计算结论不准确。因此,研究通道与土体联合作用体系的精准计算模型和方法,把握通道工作状态,优化通道结构,十分必要。

3.5.2 计算模型

(1) 基本假定

①可变联合作用体系:土体中的通道受结构重力、土重力和汽车荷载等引起的作用影响,产生内力和变形,这时土体表现为对结构的作用。土体又对结构变形进行限制,这时土体表现为对通道的约束,形成联合作用体系。由于土体只具有单向承压性,故出现拉力的土体将退出体系,体系表现出可变性。

②有限弹性工作状态:联合作用体系的初始工作状态为弹性工作状态,初始土压力为土中应力,其中土的自重应力属静土压力。经过通道与土体的相互作用,形成具有主动性或被动性的土压力。当土压力介于主动土压力和被动土压力之间时,认为联合作用体系继续处于弹性工作状态。而超出这一范围时,土压力应等于主动或被动土压力,同时,联合作用体系脱离弹性工作状态。

③有限联合界面黏结:通道外表面与土体之间存在摩擦力。摩擦力足够大时,土压力可直接传于通道外表面。否则,土压力需要进行重新分布。

④近似弗拉曼条件解:计算近似为平面应力问题,土体自重静土压力按常规方法计算,附加压力可由弗拉曼公式计算。通道对土体中的应力计算无影响,计算结果可作为初始土压力作用于通道上,为通道的计算提供初始条件。

(2) 有限元 m 法模型

结构体系为钢筋混凝土单拱双铰管形组合结构,与地基及结构周边回填材料共同构成结构与土体联合作用体系。基于上述基本假定,并考虑到对计算方法的可靠、简化和实用要求,研究提出用于土中复杂结构计算的"有限元 m 法",如图 3-26 所示。该方法将基础计算"m 法"与结构计算"有限元法"结合,结构为弹性变形体,具有常态的刚度 EA 和 EI;土体为弹性变形介质,具有随深度成比例增长的抗力系数 C($C = h \times m$,当 $h < 10 \mathrm{m}$ 时,地基竖向抗力系数 $C = 10 \times m$)。

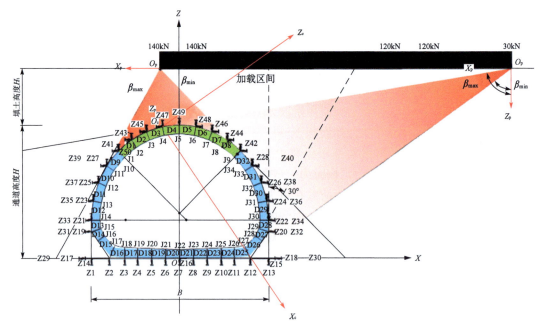

图 3-26 有限元 m 法模型

实际建模中,标准节段作为通道主体,周围均填筑土体。计算取节段及其周围土体和分配荷载构建结构计算模型和作用工况。模型分为顶板及其余部分 2 个子结构。支撑单元主要分为地基支撑单元、一期填土(侧墙区)支撑单元、二期填土(顶板区)支撑单元、顶板铰单元、虚拟支撑单元。

根据结构在施工和使用过程中外部约束条件可能出现的变异,在上述模型的基础上,通过模拟土体对结构约束的弹性支撑在数量、位置、方向和弹簧系数上调整,构建系列的对比计算模型,进而计算结构状态的反应。

3.5.3 计算方法

(1)永久作用土压力

分析永久作用土压力的形成,填土为对称分层回填压实,每层压实厚度小于 20cm,故每层自身受施工影响大而对结构变形影响较小。每层夯实不断打破土体既成平衡,消除了其中产生主动土压力、被动土压力及形成土拱效应的变形趋势,故每层填土施工后,其总体上以"土柱"土压力和静止土压力的形式作用于结构,并形成对结构的弹性约束。后续填土层同上作用于结构,并对既有土层土压力和弹性约束形成增量。土中任一点之上第 m 层填土对该点产生的自重或增量压力在直角坐标系中按下式计算:

$$\sigma_{zm} = \gamma H_m \tag{3-79}$$

$$\sigma_{xm} = (1 - \sin\varphi)\sigma_{zm} \tag{3-80}$$

式中:γ——土的重度;

H_m——第 m 层填土厚度;

φ——土的内摩擦角;

σ_{zm}——竖直方向土柱土压力；

σ_{xm}——水平方向静止土压力。

(2) 可变作用土压力

对应永久作用土压力的计算，并沿用公路行业规范的解决方式，这里仍基于弹性理论，将土中附加应力的计算结果系统地用于可变作用土压力的计算。

由车辆荷载等外界因素引起的土中应力称为土中附加应力。应用对竖向集中力作用下的附加应力计算公式，通过叠加原理或数值积分的方法可以得到各种分布荷载作用下的土中附加应力计算公式。

作为平面应变问题的一个特例，在土体表面作用无限长分布的均布线荷载 p，计算土中任一点 M 的附加应力。这个问题可由布西奈斯克公式积分求得，称为弗拉曼解（图3-27），在直角坐标系中表示如下式：

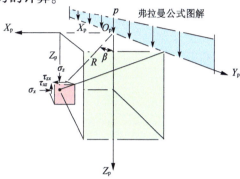

图3-27 弗拉曼条件解

X_p、Y_p、Z_p-土的重度；R-立面距离，$R = \sqrt{X_p^2 + Z_p^2}$

$$\begin{cases} \sigma_z = \dfrac{2p}{\pi R}\cos^3\beta \\ \sigma_x = \dfrac{2p}{\pi R}\sin^2\beta\cos\beta \\ \sigma_z = \dfrac{2p}{\pi R}\sin\beta\cos^2\beta \end{cases} \quad (3\text{-}81)$$

不计结构对荷载直接辐射区域土中附加应力的影响，结构面处荷载直接辐射区域土体附加应力通过联合界面黏结转换为对结构的初始可变作用土压力。

虽然计算也属于简化计算方法，同荷载作用的实际情况有一定差别，但同现行公路行业规范的计算方法相比，已可与永久作用土压力的计算方法共同构成对结构承受作用的系统描述，为联合作用体系的计算设定了更为真实的环境。对简化计算中产生的偏差，可通过理论分析和试验检测进一步研究消除。

(3) 可变作用荷载直接辐射区

只有位于荷载直接辐射区域的单元，其外轮廓面方承受土体附加应力通过联合界面黏结转换成的初始可变作用土压力（图3-28）。计算判断单元 k 是否位于荷载直接辐射区的准则如下：

①在 X_p-O_p-Z_p 坐标系中，计算 $\beta_{\max}$、$\beta_{\min}$，确定荷载 p 直接辐射区边界线定位参数 $x_{i\max}$、$z_{i\max}$、$x_{i\min}$、$z_{i\min}$。

②基于 $x_{i\max}$、$z_{i\max}$、$x_{i\min}$、$z_{i\min}$ 建立相对坐标系 X_c-O_c-Z_c。对结构各单元外轮廓面进行由 X-O-Z 坐标系向 X_c-O_c-Z_c 坐标系的坐标转换，任意 k 单元 i、j 节点的坐标转换按下列公式进行：

$$\begin{cases} x_{cki} = (x_{ki} - x_{i\max})\cos\gamma_c + (z_{ki} - z_{i\max})\sin\gamma_c \\ z_{cki} = -(x_{ki} - x_{i\max})\sin\gamma_c + (z_{ki} - z_{i\max})\cos\gamma_c \end{cases} \quad (3\text{-}82)$$

$$\begin{cases} x_{ckj} = (x_{kj} - x_{imax})\cos\gamma_c + (z_{kj} - z_{imax})\sin\gamma_c \\ z_{ckj} = -(x_{kj} - x_{imax})\sin\gamma_c + (z_{kj} - z_{imax})\cos\gamma_c \end{cases} \quad (3-83)$$

③在同时满足 $x_{cki} \geq 0$、$z_{cki} \geq 0$、$x_{ckj} \geq 0$、$z_{ckj} \geq 0$ 的条件下，k 单元外轮廓面位于 X_c-O_c-Z_c 坐标系第一象限，即可判定其位于荷载直接辐射区。

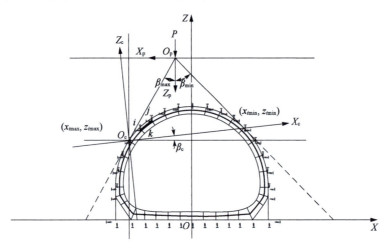

图 3-28 荷载辐射区示意图

（4）土压力的作用等代

作用于结构外表面的均布土压力计算中等代为节点集中力。均布力向截面形心节点集中时，计入附加弯矩。

如图 3-29 所示，结构宽度取单位宽度，结构上的永久作用土压力等代按下列公式进行：

$$\begin{cases} F_{xc} = \sigma_x \times h_k \\ F_{zc} = -\sigma_z \times b_k \end{cases} \quad (3-84)$$

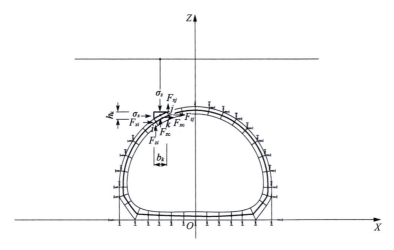

图 3-29 永久作用土压力等代示意图

$$\begin{cases} F_{xi} = \dfrac{F_{xc}}{2} \\ F_{zi} = \dfrac{F_{zc}}{2} \\ M_i = F_{xi} \times (x_c - x_i) - F_{zi} \times (z_c - z_i) \end{cases} \quad (3\text{-}85)$$

$$\begin{cases} F_{xj} = \dfrac{F_{xc}}{2} \\ F_{zj} = \dfrac{F_{zc}}{2} \\ M_j = F_{xj} \times (x_c - x_j) - F_{zj} \times (z_c - z_j) \end{cases} \quad (3\text{-}86)$$

如图 3-30 所示,结构宽度取单位宽度,结构上的可变作用土压力等代按下列公式进行:

$$\begin{cases} F_{xc} = \sigma_x \times h_k - \tau_{zx} \times b_k \\ F_{zc} = -\sigma_z \times b_k + \tau_{xz} \times h_k \end{cases} \quad (3\text{-}87)$$

$$\begin{cases} F_{xi} = \dfrac{F_{xc}}{2} \\ F_{zi} = \dfrac{F_{zc}}{2} \\ M_i = F_{xi} \times (x_c - x_i) - F_{zi} \times (z_c - z_i) \end{cases} \quad (3\text{-}88)$$

$$\begin{cases} F_{xj} = \dfrac{F_{xc}}{2} \\ F_{zj} = \dfrac{F_{zc}}{2} \\ M_j = F_{xj} \times (x_c - x_j) - F_{zj} \times (z_c - z_j) \end{cases} \quad (3\text{-}89)$$

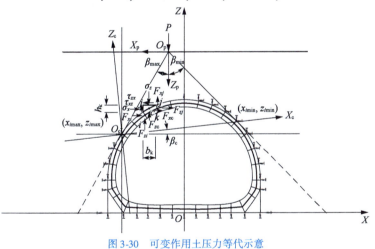

图 3-30 可变作用土压力等代示意

3.5.4 算例分析

以 GT4P-4.0×3.2 型管形通道为例,建立结构计算模型,并根据结构在施工和使用过程中外部约束可能出现的变异,建立相应对比计算模型,进行对比计算,研究联合作用效应表现形式和变化规律,验证了计算方法的实用性。如表 3-2、表 3-3 所示。

代表截面作用效应基本组合的最大弯矩(kN·m)　　　　　　　　　　表 3-2

断面编号	约束强度	填土高 H_t(m)				
		0.1	0.1	0.5	2.0	4.0
5	1+1	143.906	110.697	104.585	115.274	179.358
	0.5+0.5	183.251	140.962	138.732	153.998	232.362
	0+0	262.734	202.103	223.610	263.491	350.555
	0+1	205.913	158.395	142.513	155.585	206.995
14	1+1	89.552	68.886	99.594	157.414	237.727
	0.5+0.5	119.283	91.756	128.001	207.556	323.997
	0+0	138.881	106.832	146.374	222.492	336.807
	0+1	129.236	99.412	104.322	160.042	238.426
30	1+1	158.694	122.072	142.258	177.892	248.023
	0.5+0.5	206.582	158.909	184.712	238.330	340.493
	0+0	383.365	294.896	334.026	397.935	494.594
	0+1	246.647	189.728	169.691	198.707	260.835
22	1+1	56.273	43.287	57.142	105.920	179.842
	0.5+0.5	94.900	73.000	94.145	173.656	297.233
	0+0	94.556	72.735	95.579	159.491	250.864
	0+1	110.210	88.777	68.060	117.250	188.561

代表截面作用效应基本组合的最大轴力(kN)　　　　　　　　　　表 3-3

断面编号	约束强度	填土高 H_t(m)				
		0.1	0.1	0.5	2.0	4.0
5	1+1	289.619	222.734	267.272	413.342	661.171
	0.5+0.5	255.353	196.425	242.972	381.031	607.053
	0+0	199.211	153.239	204.028	342.197	552.185
	0+1	263.830	202.946	296.251	464.910	715.442
14	1+1	399.900	307.615	408.403	615.864	927.991
	0.5+0.5	412.266	317.128	420.619	630.349	947.950
	0+0	510.070	392.362	522.356	769.798	1117.328
	0+1	446.694	343.611	451.843	661.808	963.538
30	1+1	415.187	319.375	425.540	628.971	933.880
	0.5+0.5	431.628	332.022	439.565	645.650	955.579
	0+0	512.094	393.918	520.823	768.803	1118.521
	0+1	463.810	356.777	459.113	664.437	963.645
22	1+1	276.696	212.843	290.534	393.567	538.598
	0.5+0.5	264.258	203.523	283.171	383.640	519.241
	0+0	146.971	113.055	178.448	235.407	309.826
	0+1	269.125	207.019	304.565	413.758	557.655

注：为方便对比，表中填土高度0.1m对应的第二列组合值不计车辆冲击影响。

表 3-2、表 3-3 中,约束强度 1 + 1 为计入 100% 土体弹簧系数;约束强度 0.5 + 0.5 为计入 50% 土体弹簧系数;约束强度 0 + 0 为不计土体弹簧系数;约束强度 0 + 1 为不计顶板土体弹簧系数,余计 100% 土体弹簧系数。断面位置中断面编号 5 为顶板跨中位置,断面编号 14 和编号 30 为侧墙根部位置,断面编号 22 为底板跨中位置。

3.5.5 足尺模型试验验证

开展了装配式通道的现场跟踪测试,通过对监测结果和理论模型的对比分析,对理论模型的合理性和可靠性进行验证。分别选择一个装配式管形通道和一个装配式箱形通道进行了土体联合作用现场测试,如图 3-31 所示。

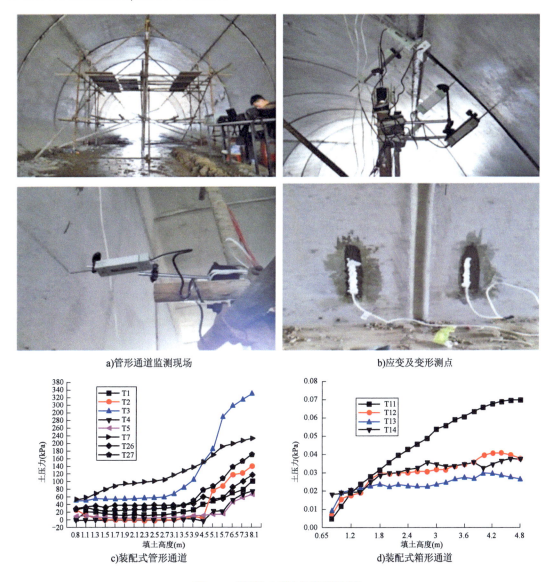

图 3-31 通道与土联合作用现场试验

通过跟踪监测得到填载、静载、动载作用下碎石、粉土、黏土对结构的影响,提出土压力环向修正参数。试验验证了施工、使用全过程管形通道的土体作用、箱形通道的明显变形,证明了土体对通道保持安全、稳定工作状态的重要作用,也证实了有限元 m 法计算模型的合理性。

综上所述,在项目研究中提出了一种新的通道与土体共同作用模式下计算模型和方法,由此实现了进行通道精准设计,构建了工业化薄壁轻型通道的核心技术体系。该技术体系中,过程计算是准确计算结构状态的基础。采用模式分步施工过程的分析结果与一次成型的分析结果存在较大的变差。采用模拟分步施工与实际情况更加吻合。联合计算是准确计算结构状态的关键。不同填土高度下,联合作用体系与单纯结构相比,不同部位计算结果的变化幅度在 50%~150%。在计算中应模拟通道形成的过程,并合理考虑土体的联合作用。

3.6 回转式钢筋连接计算方法

3.6.1 关键问题

预制混凝土构件之间的连接设计是装配式设计、施工长期面对的难题。按《公路钢筋混凝土及预应力混凝土桥涵设计规范》(JTG 3362—2018),钢筋搭接时湿接缝过宽,会导致焊接时现场工作量过大;若采用其他连接方式,连接效果又无法保证。技术滞后限制了预制结构的使用,工程建设需要根本性的解决方案。

项目研究提出回转式钢筋连接,如图 3-32 所示。采用 U 形钢筋交错布置形成 O 形钢筋结构,内部设置支垫钢筋,与 O 形钢筋结构绑扎或点焊连接,将 O 形钢筋结构串联为一个整体,形成网状受力面,再通过灌注承压混凝土,形成一种锚具式连接。

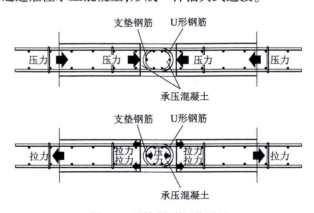

图 3-32 回转式钢筋工作原理

通过一系列回转式钢筋连接受拉、弯、弯剪性能理论研究、有限元计算验证和试验验证,系统地研究了回转式钢筋的受力特点。研究表明如预制混凝土构件间为压力,则直接由接缝混凝土传递;如预制混凝土构件间为拉力,则首先转化为钢筋的拉力,在网状受力面上主要转化为对承压混凝土的径向压力,并与对向网状受力面上的压力相平衡。据此,承压混凝土无论传递压力或拉力,自身将始终处于受压状态。

3.6.2 回转式钢筋连接计算

系列的试验研究进一步验证了回转式钢筋的连接计算模型和承载能力验算方法。回转式钢筋湿接缝在两侧预制构件受拉或受弯时，受拉侧回转钢筋与其核心混凝土之间的作用模型宜按照拉压杆受力模型考虑，其中湿接缝内回转钢筋之间的混凝土斜向承压，如图 3-33 所示。

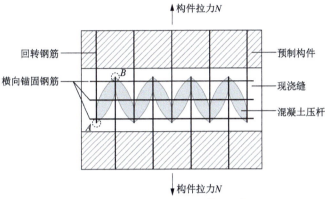

图 3-33 环形接缝的拉压杆模型示意

回转式钢筋湿接缝在两侧构件受拉或受弯设计计算时，可将"枣核"形压杆短柱等效为等截面"棱柱"形压杆，压杆尺寸及位置示意如图 3-34 所示。

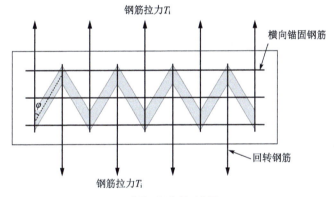

a) 等效压杆位置示意图

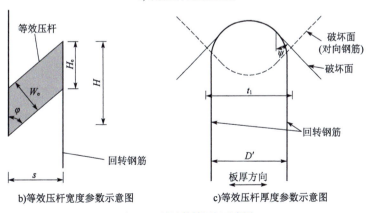

b) 等效压杆宽度参数示意图　　c) 等效压杆厚度参数示意图

图 3-34 接缝等效压杆示意图

在采用拉压杆模型计算回转式钢筋接缝承载能力时,混凝土等效截面压杆的面积及相关参数应按照以下规定进行计算:

混凝土等效压杆面积 A_C 可按照下式进行计算:

$$A_C = t_e W_e \tag{3-90}$$

式中:A_C——压杆面积(mm²);
t_e——压杆厚度(mm);
W_e——压杆宽度(mm)。

其中,混凝土等效压杆的宽度 W_e 可按照下式进行计算:

$$W_e = H_e \sin\varphi = (H - s\cot\varphi)\sin\varphi = H\sin\varphi - s\cos\varphi \tag{3-91}$$

式中:W_e——压杆宽度(mm);
H_e——相邻环筋之间相互作用的有效重合长度(mm);
H——相邻环筋中心重合长度(mm);
s——相邻环筋中心间距(mm);
φ——混凝土锚固破坏锥体的平面扩散角,应按照试验选取,无试验数据时可取为50°。

混凝土等效压杆的厚度 t_e 可按照下式进行计算:

$$t_e = \min(t, t_1) \tag{3-92}$$

式中:t_e——压杆厚度(mm);
t——预制构件的厚度(mm);
t_1——对侧环筋破坏面重合厚度(mm)。

回转钢筋接缝在发生拉压杆破坏时,两侧回转钢筋破坏面重合厚度 t_1 可按照下式进行计算:

$$t_1 = D'\cos\psi + (H - s\cot\psi + D'\sin\psi - D')\tan\psi \tag{3-93}$$

式中:t_1——对侧环筋破坏面重合厚度(mm);
D'——回转钢筋两肢钢筋之间的中心距(mm);
ψ——混凝土锚固破坏锥体的厚度扩散角,应按照试验选取,无试验数据时可取为45°。

按照以上计算方法,确定压杆的参数取值方式,得到压杆参数模型后,再根据不同的受力模式计算拉压杆承载能力。

3.6.3 算例分析

以某 2×45m 双工字钢板组合梁为例,采用上述设计计算方法,验算其桥面板横向接缝采用回转式钢筋接缝时的承载力。其主梁采用 Q345qD 工字形直腹板钢梁,钢主梁标准间距 6.7m,高 2.4m。跨内小横梁高 0.5m,间距为 8.0m,支点位置加密至 4.0m。桥面板横向采用全宽预制,宽 12.5m,承托处板厚 0.4m,悬臂处及跨中桥面板厚 0.27m。桥面板纵向通过湿接缝相连,湿接缝宽度为 300mm。桥面板湿接缝处采用回转式钢筋连接,回转式主钢筋直径 22mm,横向钢筋直径 25mm。回转式钢筋重合长度为 200mm,中心直径 120mm。单侧回转式钢筋间距为 120mm,对侧回转式钢筋间距 60mm。

根据预制混凝土构件湿接缝连接形式适应性研究的已有结果,通过有限元计算得到支点位置和跨中位置桥面板横向接缝的上下缘应力,并进行积分计算得到接缝处内力效应值如表 3-4 所示。

接缝内力效应值　　　　　　　　　表 3-4

接缝位置	弯矩(kN·m)	轴力(kN)
支点	79.1	742.0
跨中	36.5	-840.0

由表 3-4 可以看出,支点处接缝受力状态以受拉为主,相较于跨中接缝而言更为不利。因此,选取支点处接缝验算其抗拉承载力情况。

计算得到:

$$A_C = t_e W_e = 27062.82 \text{mm}^2$$

回转式钢筋接缝的抗拉承载力为,抗拉承载力大于设计荷载,接缝抗拉承载力满足要求。

$$N_R = 2257.99 \text{kN} > T = 742.0 \text{kN}$$

3.6.4　模型试验验证

如图 3-35 所示,为了系统地研究回转式钢筋接缝的承载能力机理,研究团队开展了 50 余组回转式钢筋接缝承载能力试验,通过系统地研究抗拉、拉弯、弯剪作用下的破坏机理和承载能力特性,建立了基于试验数据的理论模型,为回转式钢筋接缝的设计提供了系统的理论支撑。

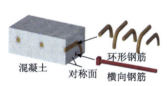

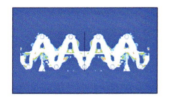

图 3-35　回转式钢筋连接性能有限元计算验算和试验验证

3.7　挤压式锚拉板连接计算方法

3.7.1　主要问题

挤压式锚拉板是一种以挤压方式与混凝土结构连接的新型节点(图 3-36)或锚索结构(图 3-37),可有效地提升工业化结构的装配化水平。该结构一般由支承组件、拉板组件、压接组件组成。抗拉拔能力是控制设计成败的关键,如何进行这种结构的抗拉拔计算,是这种新型结构需要解决的首要问题。

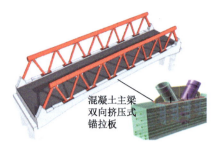

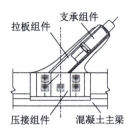

图 3-36 挤压式锚拉板连接　　　　图 3-37 挤压式锚拉板组成示意图

3.7.2 压接组件的抗拉拔计算

如图 3-38 所示,结合挤压式锚拉板传力机理研究,推演得出压接组件抗拉拔安全系数 k_2 计算公式如下:

$$k_2 = n_p \mu_j \frac{F_{pk}}{F_{ck}} \tag{3-94}$$

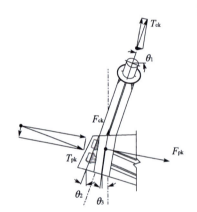

图 3-38 锚拉板拉拔受力示意

图中及式中:F_{pk}——垂直于压接板板面的组合挤压力标准值(kN);

F_{ck}——作用于压接板面内的组合拉拔力标准值(kN);

T_{pk}——作用于锚拉板的挤压力标准值(kN);

T_{ck}——作用于锚拉板的拉力标准值(kN);

n_p——压接板与混凝土之间的作用面数,作为混凝土结构预应力锚固构造的压接板应取 1,作为混凝土结构受压区嵌固构造的压接板可取 2;

μ_j——压接板与混凝土之间的静摩擦系数,宜通过试验确定,无试验资料时,μ_j 值可按 0.25 取用。

当压接组件设有抗剪开孔、PBL 键等联合抗拉拔构造时,k_2 应不小于 1.5;当未设有相应联合抗拉拔构造时,k_2 应不小于拉索的安全系数。

3.7.3 算例分析

某主跨 246m 柱式独塔混合梁斜拉桥,边跨混凝土梁与拉索的锚固采用挤压式锚拉板结构进行锚固,同时梁体的横向预应力穿过锚拉板,锚固在锚拉板一侧,如图 3-39 所示。

根据拉索的设计索力可得到锚拉板上最大上拔力计算为 2653kN,预应力挤压摩擦抗力计算为 5876kN。

计算锚拉板抗拉拔安全系数为:

$$k_2 = \frac{n_p \mu_j F_{pk}}{F_{ck}} = \frac{1 \times 0.25 \times 23504}{2653} = 2.215 \tag{3-95}$$

锚拉板还设有抗剪开孔、PBL 键等联合抗拉拔构造,锚固更加安全可靠。同时,计算锚后区均匀受压在15MPa以内,成桥检测状态良好。

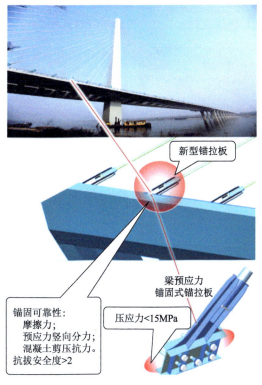

图 3-39　挤压式锚拉板设计与计算示意图

3.7.4　试验验证

截取实桥结构的一部分作为试件,开展三种不同状态的承载能力试验:NP 试件不加外压力、带底托板,PB 试件施加外压力、带底托板,NB 试件施加外压力、不带底托板,分别探究外压力和底托板对于锚拉板受力性能的影响,如图 3-40 所示。

图 3-40　挤压式锚拉板抗拉拔试验台

如图 3-41 所示,试验表明,外压力可以较好地控制结构的裂缝发展,提升结构正常使用极限状态下的性能。同时,外压力还能显著提升结构的极限承载力、延性,保障结构的安全性。试验对挤压式锚拉板提供了直接支持。

a) 顶部混凝土破坏形态

b) 试件侧面裂缝

c) 试件底托板破坏形态

d) 栓钉破坏断面特征

图 3-41　试件破坏形态

挤压式锚拉板可利用梁体既有的预应力将锚拉板挤压在混凝土主梁上,传统的预应力与锚拉板的相互冲突转化为彼此共生。

计算和试验表明,挤压式锚拉板连接的可靠性,仅摩擦力即可保障,而预应力竖向分力、混凝土剪压抗力将进一步强化这一保障。据此可知,主梁结构简化,工业化适应性提高,连接的安装和养护也将更为方便。

3.8　预制桩墩精准打入计算方法

3.8.1　主要问题

采用结构化的理念、工业化的模式,在规模化、系列化的水平上,实施公路的少土、无土、高效、低价建设,正成为公路工业化绿色建造的发展方向,如图 3-42 所示。其中,预制桩柱是全装配化的重要组成部分,但打桩施工的精度控制一致不佳,仍需要进一步突破控制理论和方法。

工业化预制管桩如何高效可靠地打入并形成安全适用的结构一直是国内施工和设计争论的焦点。现行打桩和设计方法存在以下问题:

(1) 打桩中各参数之间内在关系不明,进行锤击桩深和贯入度控制值双控规定的可执行性差。

(2)打桩中锤击难停的现象时常发生,成桩承载力也难以确定,使人们对结构安全心存疑虑。

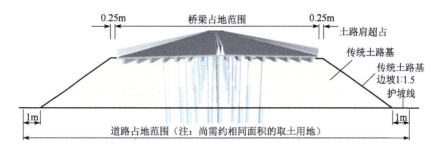

图 3-42　结构化、工业化道路建造模式

3.8.2　锤击贯入度控制值计算

将一次锤击分解为三个过程,进行基于动量转化定理和能量守恒定律的分析:
(1)柴油锤自由落体,将势能转化为动能。
(2)柴油锤冲击桩体,动量转化,锤体获得反向复位动量。桩体获得下行贯入动量。
(3)桩体克服侧阻、挤土阻力,耗能贯入土层,完成一次锤击。
(4)锤击贯入度控制值计算。

如图 3-43 所示,已知一体化桩墩的竖向设计极限承载力 R、有效壁厚 b、材料相对密度 γ、总长 L_z、总重 G_z、拟打入的深度 L_m、拟打入桩基持力层的水平抗力系数为 m、柴油锤重量 G_c、行程 H,根据上述一次锤击分解的三个力学过程,推导出单次锤击贯入度控制值 Δh_k 准确计算公式如下:

$$\Delta h_k = \frac{4H(G_c/G_z)}{R/G_z + mb(L_m/L_z)/\gamma - 1} \tag{3-96}$$

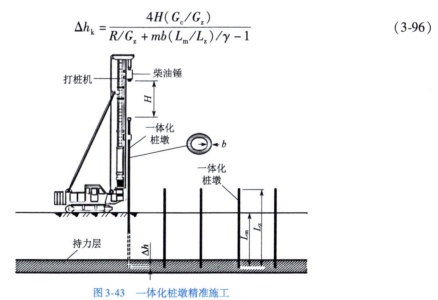

图 3-43　一体化桩墩精准施工

由此,建立了打桩中各参数之间的内在关系,计算不同地层各自的贯入度控制值。首次提出不同地层具有不同贯入度控制标准,校核贯入度与承载能力之间的数学关系,再进行精确控

制。这种方法解决了传统方法追求同一贯入度和既定桩长,打桩常不能终锤、成桩常标高失控等难题。

3.8.3 一体化桩墩打入

(1)锤击过程控制

基于式(3-96),一体化桩墩采用柴油锤击打入时,可根据已知的打入参数,准确计算贯入度控制值 Δh_k,进行打入动态控制。一体化桩墩精准打入过程包括以下几个步骤:

①选择已知的打入参数。

②计算不同墩位处一体化桩墩施工的单次锤击贯入度控制值 Δh_k。

③连续对一体化桩墩进行锤击,同步测量桩墩的锤击贯入度 Δh。

④一体化桩墩的单次锤击贯入度 $\Delta h \leqslant \Delta h_k$ 时,进行后续施工判断。判断按以下规则进行:

a. 当桩底高程未达到设计高程时,继续打入,直至一个统一规定的设计标准,结束打入。

b. 当桩底高程已达到设计高程时,结束打入。

(2)成桩质量判断

利用式(3-96),反向推导出基于单次锤击贯入度 Δh 的实际极限承载力 Q 准确判断公式如下:

$$Q \geqslant (4H/\Delta h)G_c - [mb(L_m/L_z)/\gamma - 1]G_z \qquad (3\text{-}97)$$

式(3-96)利用了打桩中各参数之间的内在关系,判断不同地层中成桩的实际极限承载力。首次提出打桩-检测同锤、施工-验收同步的成桩质量判断观点,进一步解决了传统成桩承载力不确定、单桩使用不可靠等难题。

3.8.4 算例分析

(1)算例计算

为适应公路工业化建造在标准化、系统化、模块化、装配化上的发展要求,芜合高速公路采用新型装配化桩板式道路。道路下部结构为一体化桩墩,采用外径 0.6m、内径 0.38m 的预制管桩,施工采用柴油锤击打入方式,如图3-44所示。

图3-44 芜合高速公路一体化桩墩施工

一体化桩墩的竖向设计极限承载力 $R = 2750 \text{kN}$,有效壁厚 $b = 0.11\text{m}$,材料相对密度 $\gamma = 26\text{kN/m}^3$,总长 $L_z = 25\text{m}$,总重 $G_z = 110\text{kN}$,拟打入的深度 $L_m = 20\text{m}$,拟打入不同地基持力层中,已探明在不同桩位处地基持力层的水平抗力系数 $m = 20000 \sim 80000 \text{kN/m}^4$。按重锤短击的原则,施工选取柴油锤的重量 $G_c = 105\text{kN}$,行程 $H = 1.5\text{m}$。

结合已探明持力层地质条件,不同墩位处一体化桩墩施工的单次锤击贯入度控制值 Δh_k 计算见表 3-5。

不同持力层单锤贯入度控制值   表 3-5

持力层类型	$m(\text{kN/m}^4)$	$\Delta h_k(\text{m})$
硬塑黏土、中密粉土、细中砂	20000	0.0625
坚硬黏土、密实粉土、中粗砂	40000	0.0359
砾砂、角砾、圆砾、碎石卵石	60000	0.0252
密实卵石夹粗砂、密实漂卵石	80000	0.0194

(2) 打桩施工

施工连续对定位的一体化桩墩进行锤击,同步测量桩墩的锤击贯入度,直至不同墩位处桩墩的单次锤击贯入度 Δh 满足相应的 $\Delta h \leq \Delta h_k$ 的要求,再按以下规则进行判断与控制:

①当桩底高程未达到设计高程时,继续打入,直至 $\Delta h \leq 1.5 \text{cm}/10$ 击的设计标准,结束打入。

②当桩底高程已达到设计高程时,结束打入。

3.8.5 试验验证

为验证锤击桩贯入度控制值计算的准确性,研究团队进行了现场锤击桩试验,如图 3-45 所示。结果表明,锤击桩实际极限承载力与设计极限承载力对应良好。为进一步验证精准打入锤击成桩的可靠性,研究团队同时进行了相同桩体和地质条件下的锤击桩和植入桩对比试验。如图 3-46 所示,承载能力试验结果表明,锤击桩具有更高和更稳定的实际极限承载力。与《建筑基桩检测技术规范》(JGJ 106—2014) 确定的承载力与计算吻合。

图 3-45 锤击桩极限承载力试验

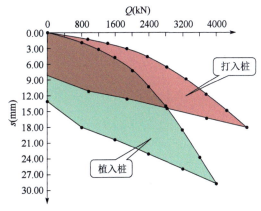

图 3-46 锤击桩极限承载力对比分析图

工程实践表明,提出的一体化桩墩准确打入计算,施工前期作业标准乱、打桩效率低、成桩桩顶高程相差大、成桩承载力不确定的问题得到有效解决,对形成新的公路建造模式、实现交通的绿色可持续发展具有重要作用和意义。

3.9 本章小结

针对现有公路工程设计理论与工业化建造技术适应性较弱工业化设计理论认识不统一等问题,结合工业化建造的结构特点,改进了关键计算模型和计算方法,进一步提升了设计理论与工业化结构的适应性。

建立了统一的楔形截面抗剪破坏模型,充分考虑了构件剪压、斜压、斜拉破坏特征,计入截面软化的影响,综合考虑了水平钢筋、水平预应力、斜向钢筋、竖向钢筋的抗剪作用,形成了一般配筋、充分配筋和无配筋截面的抗剪承载能力统一计算模型,能够更好地反映薄壁构件及节段拼装式结构的抗剪特性。

基于大变形原理,分析体外拉索极限状态下体外索承梁的大变形形态,提出了大变形状态下体外索承梁极限承载能力计算的方法,论证了其具有比传统计算方法更高的极限承载能力,充分反映了体外索承载能力特性,提供了全体外预应力节段梁桥承载能力验算的不同模式与思路。

改进的柱式塔构件偏心抗压计算方法,考虑了计算位置的影响,通过子构模型修正了计算点至构件远、近端距离的比值,得到了构件任意点的压力偏心距增大系数,修正了弯矩的放大效应。这种子构件压力偏心距增大系数计算方法,解决了构件压弯计算的合理性问题,表现出明确的物理意义和几何意义。

建立了体外拉索偏转防护、通道与土体联合作用、回转式钢筋连接、挤压式锚拉板连接、一体化桩墩精准打入等计算模型与计算方法,为工业化建造的关键连接设计提供了对应的理论支撑和计算方法,更好地适应了工业化建造下的结构特点和施工要求。

第 4 章
CHAPTER 4

公路桥涵轻型化结构体系

　　结合持续开展的结构装配化建造实践,总结出直接影响公路工业化实效的结构、构件、连接、施工等四大技术,开展适宜工业化建造的拱肋桥涵轻型化结构体系研发,形成覆盖公路工业化主要需求范围的轻型化结构体系。

　　开发了路桥融合型全装配式桩板式道路结构,缓解了公路建造与土地资源保护之间的矛盾,形成了跨径 6~13m 全装配新型桩板式道路结构。研发了跨径 3~6m 的双铰四构件装配式通道系列结构及装配式洞口结构,覆盖了公路建造对通道需求。提出跨径 15~25m 薄腹宽翼轻型 T 梁结构,采用等截面布置,实现了高度的标准化。研发了跨径 35~40m 的简洁高效的少主梁小横梁钢板组合梁体,极大地简化了钢板组合梁的构造,形成了组合梁桥的新模式。开发了全体外预应力节段拼装箱梁桥,以高度标准化模块为基础,形成了跨径 30~55m 的系列结构形式,实现了全体外预应力的新突破。提出跨径 50~100m 模块化钢管桁架梁,满足了跨路跨河低高度桥梁工业化建造的需求。研发了跨径 100~500m 的模块化组合结构斜拉桥,实现了工业化建造技术在大跨径桥梁中发展。创新桥梁用预制管桩、模块化桥墩、装配式桥台,统筹考虑与轻型化上部结构形成配套。并创新了工业化结构的系列化连接形式,形成了系统的公路桥涵轻型化结构体系。解决了结构构件不适应、标准化程度不足、模块化水平低、综合效益不佳等问题。

4.1　全装配新型桩板式道路

4.1.1　研发思路

　　当前,国家大力推行绿色公路建设,对后续公路建设的土地利用、环境保护等提出越来越严格的要求。"绿水青山就是金山银山"正在得到多维度体现。同时,土地、建材供应逐渐进入瓶颈,无地可占、无土可用,占地、取土代价加大,处理、复垦成本提升,结构物建造成本提升。传统道路的经济性、桥梁的适用性受到严重冲击。

　　应对现实挑战,响应绿色发展,应主动探索可行之路。工程实践证明,采用结构化的观点、在规模化的水平上开展公路的少土、无土建设,采用工业化的模式、在系列化的水平上开展公路的高效、低价建设,不失为一种理想的选择。然而,当前研究多集中在改进传统桥梁上,工程建造标准化、系统化、模块化、装配化水平偏低,且造价提高。"以桥代路"建造技术有待进行系统性的突破,如图 4-1 所示。

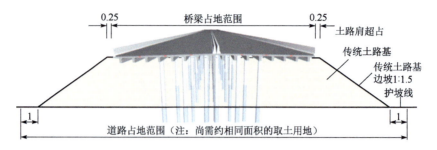

图 4-1　结构化、工业化道路建造模式(尺寸单位:m)

针对建造环境、技术难题,研究提出了跨径 6~13m 全装配新型桩板式道路,兼顾桥梁的性能和道路的造价,发挥工业化建造优势,同时减少土地的占用。

4.1.2　结构体系

公路装配化桩板式道路是由工厂化预制的桥面板、管桩连接形成的一种框架结构体系,其优势在于通过全装配式结构替代传统路基,发挥了工业化建造的优势。通过计算、分析、试验与应用,研究明确了以用地、用材和造价等指标为主导的对传统道路、桥梁的替代空间,构建出覆盖改扩建公路和新建公路的完整结构体系,如图 4-2~图 4-4 所示。

图 4-2　6~9m 改扩建桩板式道路

图 4-3　6~9m 新建桩板式道路

图 4-4　9~13m 新建桩板式道路

基于结构性能和工业化建造需求,制定了统一的规则如下:

(1)小跨度采用少肋或无肋式桩板式道路,面板纵向分块,用于改扩建道路时,面板外侧支撑于预制桩柱上,内侧支撑于老路基上,在柱顶及老路基支撑位置设连接枕梁,提高面板承载能力,克服路基不均匀沉降的影响,如图 4-5 所示。

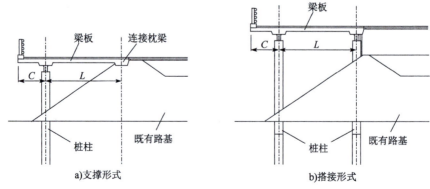

图 4-5　改扩建公路全装配桩板式道路

(2)用于新建道路时,根据道路断面灵活调整桩柱布置,如图 4-6 所示。

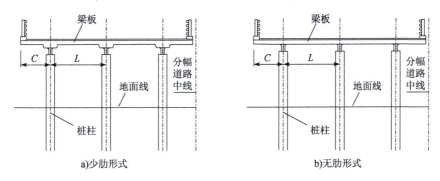

图 4-6　新建公路全装配桩板式道路

(3)少肋式桩板式道路 6m 跨板中厚 220～250mm,板肋、桩柱数同车道。

(4)无肋式桩板式道路 6m 跨板均厚 300～400mm,面板纵向分块 3～3.5m。

(5)大跨度多肋式桩板式道路结构,面板横向分块,采用 π 型先张法结构,配合预制 PHC 管柱,满足桩板式结构跨越斜交道路等建设环境要求,同时也可更好地满足不落地施工的要求。

(6)桩柱数同 π 型板梁,统一腹板等厚度 200mm,π 型板梁宽度 3～3.5m。

在改扩建桩板式道路结构中,横向连接方案根据路基的状态不同,采用两种方式,如图 4-7 所示。将混凝土板按标准形式与路基一侧连接,对于路基无抬高需求的情况,采用支撑式连接。当老路基自身存在抬高需求时,采用搭接形式连接。同时,在横向连接位置系统地设置排水、变形、伸缩构造。

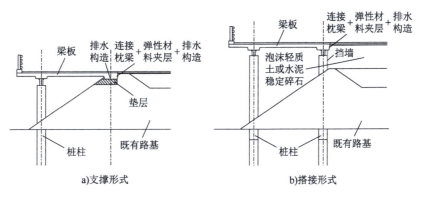

图 4-7　梁板与路基侧向连接示意图

4.1.3　结构性能分析

(1)结构受力性能分析

系统地研究桩板式结构的静力性能,在结构总体计算分析时,综合考虑结构与路基连接的弹性支撑与摩擦力效应。基于结构的双向受力特征,系统地研究了结构整体、桩板连接、板板连接构造形式及力学性能等方面,建立了结构的联长、桩径、桩高之间关系,明确了结构的分区受力、配筋等设计参数。同步开展室内模型试验与现场实体验证,形成了一套基于梁格有限元模型的快速、可靠的计算方法,如图 4-8 所示。

结构抗震分析确定了 E1 和 E2 地震下的结构易损性，建立了管桩内径、外径、预应力钢筋、普通钢筋与结构抗震性能之间的量化关系，如图4-9 所示。

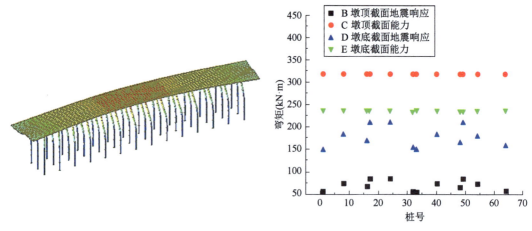

图 4-8　桩板式道路梁格有限元模型

图 4-9　管桩地震响应及能力

（2）结构耐久性分析

结合结构耐久性的材料、环境、荷载等的影响模式，提出结构配筋放大冲击系数、结构材料与制造要求，以及接缝、防水、防腐措施要求。

图 4-10　桩板式道路现场静动载试验

（3）结构性能试验

依托合肥绕城高速公路、芜合高速公路，通过数值模拟、模型试验、现场测试对桩板式道路的动静力性能进行了专项试验验证，如图 4-10 所示。相关试验测试表明，研发的系列桩板式道路具有良好刚度与承载能力。

（4）经济性分析

依托合枞高速公路，进行不同填土高度下桩板式道路与传统道路综合经济对比，如表 4-1 所示。对比结果表明，填土高度大于 6m 后，桩板式道路不仅节约土地，而且可节约造价，具有良好的工程综合价值。

桩板式道路与传统道路造价对比表（万元/km）　　　　表 4-1

方案	项目	分计	合计	差值
填土 3m	填土路基	路基	989.34	3587.44	1138.1
		路面	848.60		
		涵洞、通道	530.28		
		绿化	23.40		
		征地	1032.22		
		护栏	163.60		
	桩板道路	桩板式结构	4249	4725.50	
		征地	476.50		

续上表

方案	项目		分计	合计	差值
填土 5m	填土路基	路基	1448.17	4281.30	544.20
		路面	848.60		
		涵洞、通道	560.38		
		绿化	23.40		
		征地	1237.11		
		护栏	163.60		
	桩板道路	桩板式结构	4349	4825.5	
		征地	476.50		
填土 7m	填土路基	路基	2107.97	5351.10	−425.60
		路面	848.60		
		涵洞、通道	590.58		
		绿化	23.40		
		征地	1616.98		
		护栏	163.60		
	桩板道路	桩板式结构	4449	4925.50	
		征地	476.48		

4.1.4 工程应用

2015年，合宁高速公路改扩建项目中首次建设了桩板式道路试验段。该试验段建成通车以来，运营情况良好。2018年，芜合高速公路、合安高速公路改扩建工程应用桩板式道路。升级改进结构，技术趋于成熟。2018年，新建合枞高速公路应用桩板式道路共13km，为目前全国应用桩板式道路最长的新建高速公路。桩板式道路建设照片如图4-11所示。

a)建设中的桩板式道路

b)合宁高速公路改扩建工程

c)龙塘收费道口改扩建工程

d)芜合高速公路改扩建工程

e)合安高速公路改扩建工程

f)合肥至枞阳段新建高速公路工程

图4-11 桩板式道路结构实景照片

江西、广东、河南、河北、湖北等省积极引进这一技术,应用于新建、改扩建公路和城市道路,形成了示范工程,产生了良好的经济效益。如浙江数智交院科技股份有限公司、河北省交通规划设计研究院有限公司等研究院也在积极研究、设计应用桩板式道路,并在全国范围内得到认可。典型工程应用情况见表4-2。

桩板式道路结构应用情况表　　　　　　　　　　　　　　　　　　　表4-2

序号	项目名称	应用里程(km)
1	合肥绕城高速陇西至路口段改扩建工程	0.24
2	合肥绕城高速龙塘收费道口改扩建工程	0.41
3	合安高速改扩建工程	2.02
4	合宁高速改扩建工程	0.29
5	芜合高速公路改扩建工程	1.88
6	德州至上饶高速公路合肥至枞阳段	12.98
7	滁州至天长高速公路	0.97
8	G40沪陕高速合肥至大顾店段改扩建工程	2.19
9	湖北省武汉四环线北湖建设段	0.21
10	山西省祁离高速汾河桥桩板式路基	0.34
11	广东省湛江环城高速南三道大桥	0.27

以部分工程应用为例,在经济上取得了良好的效果,相关经济效益分析情况见表4-3。

部分桩板式道路结构经济效益情况　　　　　　　　　　　　　　　　表4-3

序号	项目名称	应用长度(km)	节约土方(万m³)	节约工期(月)	节约占地(亩)	节约造价(万元)
1	合肥绕城高速陇西至路口段改扩建工程	0.24	3.3	3	4.9	131
2	合肥绕城高速龙塘收费道口改扩建工程	0.41	4.6	6	8.3	560
3	合安高速改扩建工程	2.02	1.5	3	6.0	50
4	合宁高速改扩建工程	0.29	9.8	3	42.0	565
5	芜合高速公路改扩建工程	1.88	9.2	3	38.0	526

全装配桩板式道路,打造出路桥融合新型道路,根本上解决了土地制约难题。节省永久占地>50%,与常规道路造价基本持平,较传统桥梁节约造价>30%,且可缩短施工周期>30%。

4.2 跨径3~6m四构件双铰管形、箱形通道

4.2.1 研发思路

针对传统现浇钢筋混凝土通道材料用量较大、工序复杂、工期较长,且现场浇筑混凝土品质参差不齐、质量控制难的问题,基于通道与土体联合作用计算,研发跨径3~6m的双铰四构

件装配式通道系列结构,开发出装配式管形通道和箱形通道两种形式,以及与其相适配的装配式通用洞口结构,以满足通道的工业化建造要求。

4.2.2 结构体系

(1)结构形式

统一的装配式四构件通道结构由顶板、底板、侧墙组成。在断面连续结构的变形反弯区域设置铰接缝,离散为预制顶板、预制侧墙,形成简约、标准、轻型的组合承压体系。形成的标准化通道产品体系如图4-12所示。

洞口	管通GTⅢ-$B_k \times H_k$	箱通XTⅡ-$B_k \times H_k$	适用净空标准(宽×高,单位:m)		
			涵洞	人通	车通
	GTⅢ-3×2.5	—	—	—	—
	—	XTⅡ-4×2.7	按需要	4×2.2	4×2.7
	GTⅢ-4×3.2	XTⅡ-4×3.5		—	4×2.7
	GTⅢ-4×4	—			4×3.2
	GTⅢ-6×3.5	XTⅡ-6×3.5		—	—
		XTⅡ-6×4			6×3.5

图4-12 装配式通道系列产品

(2)统一规则

基于结构性能和工业化建设需求,制定了统一的规则如下:

①通道顶部覆盖层厚度 $H_t \geq 2m$ 时,选用管形通道。

②通道顶部覆盖层厚度 $H_t < 2m$ 时,选用箱形通道。

③节段、构件纵向分段3m。

④统一正交、斜交通道洞口按正交形式设计。

(3)等厚薄壁通道模块

提出以通行净宽、净高为关键控制参数,符合压力线轨迹的断面设计方法。该方式确定的通道断面形式适合,确保构件以受压为主,降低构件弯矩,并具有标准构造形式,便于构件模板制作,如图4-13所示。

根据上述原则,将装配式通道构件划分为标准模块,纵向由3m标准节和1m非标准节组成。断面在"零弯矩"处设置铰接缝,形成四构件分块。通过该分块方式在满足预制、运输、安装便捷的同时,又能满足完工后具有良好的受力状态。

在壁厚设计时,如图4-14所示,管形通道的控制

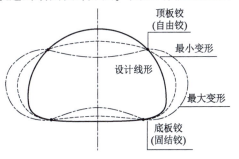

图4-13 符合压力线轨迹的断面设计

壁厚 t 可按式(4-1)估算,箱形通道的控制壁厚 t 可按式(4-2)估算。

$$t = \frac{B_j + H_j}{40} \tag{4-1}$$

$$t = 1.25 \times \frac{B_k}{20} \tag{4-2}$$

式中：B_j——管形通道内轮廓线净宽；
H_j——管形通道内轮廓线净高；
B_k——通道标准净宽。

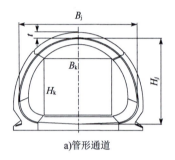
a)管形通道

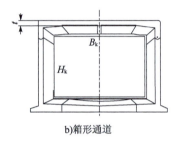
b)箱形通道

图 4-14　通道控制壁厚计算

配套开发了通用梯形模块化装配式洞口结构,通过标准模块和补差模块的配合,可适应不同型号洞口的需求,以单侧翼墙为基准,通道与另一侧翼墙进行转动为原则,可适应不同型号、不同斜交角度的洞口标准化建造要求,如图 4-15 所示。

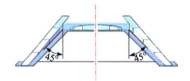 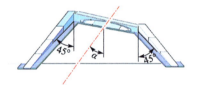

图 4-15　正交、斜交洞口统一示意图

4.2.3　结构性能分析

(1)结构受力性能计算

采用 3.5 节研究形成的"有限元 m 法",系统地研究了研发的装配式管形通道和装配式箱形通道的受力性能,论证了研究的四构件装配式通道具有良好的承载能力和抗力性,满足公路工程使用性能和耐久性的要求。

(2)结构经济性分析

在相同条件下,管形通道、箱形通道均具有较大造价优势。如图 4-16 所示,以 $4m \times 3.5m$ 箱形通道为例,与传统现浇盖板涵相比,混凝土用量减少 62.4% 以上,造价降低 29.5%,见表 4-4。

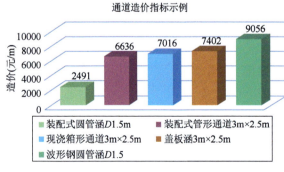

图 4-16　经济性分析对比图

装配式通道综合性能指标表　　　　　　　　　　　　　表4-4

序号	项目	装配式箱通(4m×3.5m,长35m)	现浇盖板涵(4m×3.5m,长35m)
1	施工工期	5d/道	40d/道
2	施工现场	现场整洁,占地少	现场较乱,影响大
3	基础开挖	357m³	998m³
4	质量控制	工厂控制,质量好	工序复杂,质量差
5	混凝土数量	178m³	746m³
6	钢筋数量	28.6t	11.6t
7	综合造价	45.6万元(13029元/m)	64.7万元(18486元/m)

4.2.4　工程应用

装配式钢筋混凝土通道已成功应用于安徽省六武、徐明、马巢、芜湖长江公路二桥、济祁、巢无、滁定、定长等高速公路,如图4-17所示,并已推广应用至黑龙江、青海、浙江、广东等地。据不完全统计,已应用的管形通道约582道、箱形通道约1075道,总长超过60000m,相关工程总投资约54000万元,节约投资8400万元,见表4-5。

a)削竹洞口管形通道

b)模块洞口管形通道

c)模块洞口箱形通道

图4-17　装配式通道应用效果

装配式钢筋混凝土通道主要应用情况(截至2020年)　　　　　表4-5

应用工程	管形通道(道)	箱形通道(道)	长度(m)	投资(万元)	节约造价(万元)
徐明高速	146	232	12362	10598	1158
马巢高速	57	—	2904	2430	441
芜湖长江二桥	47	33	3066	2566	459
济祁高速利辛段	54	102	5978	5004	896
济祁高速淮南段	60	105	6323	5292	948
济祁高速合肥段	54	143	7550	6319	1132
滁淮高速滁定段	52	111	5850	4896	877
滁淮高速定长段	55	210	8764	7335	1314
巢无高速	44	70	4189	3506	628
黑龙江密兴高速	—	2	57	—	—
青海G213高速	—	64	2000	1674	380

续上表

应用工程	管形通道(道)	箱形通道(道)	长度(m)	投资(万元)	节约造价(万元)
广东罗信高速	13	3	1056	4896	191
合计	582	1075	60103	54520	8430

薄壁装配式钢筋混凝土通道,创新了结构构造,控制了结构自重,落实了联合作用,提高了承载效率,夯实了工业化绿色建造的基础,较传统现浇通道节约造价约30%,且可缩短施工周期约2/3。

4.3 等截面薄腹宽翼轻型 T 梁

4.3.1 研发思路

针对现有小箱梁和T梁截面多变、连接复杂、横隔板施工困难,不适应工业化建造的问题,通过原型设计、理论研究、数值分析、模型试验和现场验证,研究等截面轻型T梁,提出了跨径15~25m薄腹宽翼轻型T梁结构。采用等截面布置,实现了高度的标准化设计。

4.3.2 结构体系

研究提出面向工业化的15~25m三种标准跨径薄腹宽翼轻型T梁原型结构,采用全跨等厚薄腹板形式,如图4-18所示,配合后张法深埋锚预应力。所有结构采用统一的断面形式,适宜标准化的智能制造。T梁之间横向采用型钢横梁、纵向桥面连续钢板,如图4-18所示,形成了简约、标准、轻型的结构简支、桥面连续体系。避免在预制过程中预留过多构造,影响预制效率。

图 4-18 薄腹宽翼轻型 T 梁

基于结构性能和工业化制造需求,制定了统一规则如下:
(1)T梁数同小箱梁。
(2)T梁宽度 3~3.5m。
(3)统一腹板等厚度 220mm。
(4)结构横向连接采用预埋套筒连接型钢横梁结构,实现梁体高度标准化,简化模板,提高工作效率,优化品质。

(5)结构纵向连接(图 4-19)采用钢板快速焊连桥面连续构造,适应建造快速工业化需求,构造简单,受力明确,施工便捷。

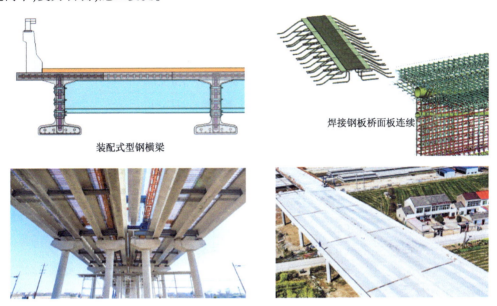

图 4-19　结构横、纵向连接

4.3.3　结构性能分析

(1)结构受力性能分析

传统的装配式桥梁横梁设计一般是横梁与顶板浇筑在一起的,即为"大横梁"体系,桥梁施工过程较为复杂。为了简化上述的横梁体系,可以将横梁与混凝土桥面板分离,即如同钢混组合梁采用的"小横梁"体系。这种体系可以将横梁与桥面板分离,小横梁还可以采用钢横梁及预制混凝土横梁等,实现更高程度的预制装配化施工。

在受力研究中采用了空间梁格模型,即预制梁采用梁单元,桥面板采用十字梁格进行等效,其面外弯曲刚度与实际板的弯曲刚度一致。采用空间梁格模型可以加载所有构件的空间影响面,并计算出施工过程等引起的空间效应,这在传统的平面梁格体系中均无法体现。该模型能模拟不同结构及不同的施工方式,如预制 T 梁现浇湿接缝形式、混凝土-混凝土组合梁形式、钢混组合梁的混凝土预制板连接等。系统地分析力学性能,结果表明这种轻型 T 梁桥结构具有良好的承载能力。同时结合轻型薄壁 T 梁结构,研究薄壁 T 梁的抗剪承载能力,完善了抗剪承载能力计算方法。

同时开展 3 根 25m 梁足尺模型试验以及 25 根缩尺模型试验,系统研究等厚薄腹板极限抗剪承载能力,试验结果理想,远大于规范计算值,为修正的抗剪承载能力研究提供了支撑和检验。

(2)结构经济性分析

薄腹宽翼轻型 T 梁以传统小箱梁为对比,基于精细化设计方法,优化结构设计。以 20m

T 梁桥为例,较传统小箱梁节约材料和造价 18% 以上,较传统 T 梁节约造价 19% 以上。具体见表 4-6。

轻型 T 梁桥经济性对比分析表　　表 4-6

对比项目		C50混凝土	钢束	钢筋	钢板	铺装现浇层	铺装钢筋	与传统相比
20m 轻型 T 梁	每平方米指标	0.34m³	9.94kg	79.37kg	15.94kg	—	—	—
	单价	1500.0 元/m³	16.5 元/kg	6.4 元/kg	7.0 元/kg	—	—	
	合计(元)	514.76	164.00	507.99	111.61	—	—	
	总计(元)	1298						
20m 小箱梁	每平方米指标	0.38m³	11.45kg	105.65kg	—	0.09m³	11.62kg	
	单价	1600.0 元/m³	16.5 元/kg	6.4 元/kg	—	600 元/m³	6.4 元/kg	−18.8%
	合计(元)	604.77	188.94	676.13	—	55.22	74.38	
	总计(元)	1599						
20m T 梁	每平方米指标	0.48m³	12.64kg	141.85kg	—	0.09m³	11.62kg	
	单价	1500.0 元/m³	16.5 元/kg	6.4 元/kg	—	600 元/m³	6.4 元/kg	−19.6%
	合计(元)	721.47	208.55	907.86	—	55.22	74.38	
	总计(元)	1967						—

4.3.4　工程应用

2018 年,G3W 德州至上饶高速公路合肥至枞阳段工程中首次应用薄腹宽翼轻型 T 梁 (图 4-20),共应用了 15m、20m、25m 三种跨径,合计总里程 15km,为目前采用薄腹宽翼轻型 T 梁最长的高速公路。该项目实现了全装配化施工,大幅提升了效率,结构简约而不简单。

图 4-20　薄腹宽翼轻型 T 梁德州至上饶高速公路实施效果

薄腹宽翼轻型 T 梁,简化了结构构造,降低了结构自重,提高了桥梁承载效率,辅以智能化的工法工装,最大限度地实现了公路工业化绿色建造的目标。其较传统小箱梁和 T 梁节约造价超 15%,且可缩短施工周期 30% 以上。

4.4 少主梁小横梁钢板组合梁

4.4.1 研发思路

既有的中小跨径钢混组合梁桥普遍存在结构构造复杂、标准化程度低、不利于工业化建造、经济效益不佳等问题。尤其是与同等跨径的传统结构相比,经济性明显不足。这些问题严重制约了钢结构桥梁的工业化应用,影响了国家实施公路绿色建造及推广钢结构应用政策的落实。

为了更好地改进钢板组合梁桥技术,推广工业化工程应用,研究提出跨径35~40m范围的简洁高效的少主梁小横梁钢板组合梁体系,以提高用材效率、施工精度和建造速度,降低组合结构的造价,全面提升桥梁品质。

4.4.2 结构体系

研究提出简化结构的跨径35~40m少主梁小横梁钢板组合梁原型结构(图4-21),采用非支撑横梁体系,横梁与桥面板之间脱离,不对桥面板提供支撑,以提供稳定性控制为目的。工字形钢主梁采用单面竖向加劲,简化了钢梁构造。桥面板采用全宽预制,配置横向预应力,与快速拼装施工相适应,形成简约、标准、轻型的连续结构体系。

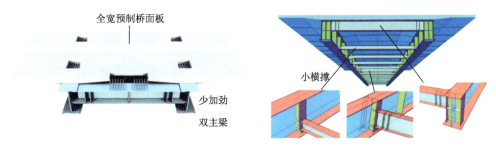

图4-21 少主梁小横梁钢板组合梁

构造的统一规则如下:
(1)主梁数同车道。
(2)变厚板中厚220~250mm。
(3)等厚板均厚300mm,面板纵向分块3~3.5m。
(4)桥面板与钢主梁之间集束式剪力钉变参数连接结构。
(5)桥面板之间横向连接采用回转式钢筋浅槽式连接结构。

4.4.3 结构性能分析

(1)结构性能

基于试验分析,如图4-22、图4-23所示,在结构总体受力性能分析中综合考虑混凝土收缩徐变效应的影响,基于结构的双向受力特征,系统研究结构整体、梁板连接、板板连接构造形式及力学性能。同时,专项研究负弯矩区预应力转移规律,明确结构分区受力、主梁和钢筋配置、横梁配置、构造规格及尺寸等关键设计参数。研究团队提出了负弯矩区有效的抗裂设计和措施,完善了基于实体有限元和混合有限元模型的钢板组合梁设计计算方法,充分考虑了混凝土面板收缩徐变引起组合截面的应力转移现象。

图 4-22 组合截面模型试验

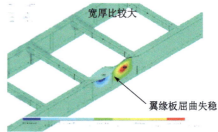

图 4-23 理论分析

在组合梁强度计算分析中,采用了基于塑性理论的钢板组合梁桥极限承载能力计算方法,通过对进入塑性区域的应力修正,体现了钢板组合梁桥的极限承载能力特性。

此外,对关键设计参数合理取值范围、负弯矩区有效的抗裂设计和措施,同步开展室内模型试验与现场实体试验,验证了理论的符合性。此外,通过试件模型试验,揭示了桥面板纵向预应力转移至钢梁最大可达70%;提出的基于蠕变特性的组合梁徐变应力转移有限元分析方法,试验验证准确度达97%以上。

(2)经济性分析

与传统组合梁相比,采用大悬臂桥面板结构配置横向预应力全宽预制,减少混凝土用量10%~15%。非支撑横梁与简化加劲肋利用了组合结构的刚度与稳定优势,主梁用钢量125~150kg/m²,节约15%~30%,降低造价约25%,见表4-7。

钢板组合梁桥主要材料指标　　　　　　　　　　　　　　表4-7

名称	项目	35m桥梁每平方米用量	35m桥梁每平方米用量
桥面板	C40 混凝土(m³)	0.286	0.286
	HRB400(kg)	80.73	82.11
	HRB300(kg)	10.19	10.30
钢主梁	Q345qD	134.95	151.00

与传统混凝土梁相比,梁板工厂化生产、一体化架设等快速建造技术,简化了现场操作流程。以35m跨径桥梁为例,钢板组合梁桥和小箱梁桥的经济性比较见表4-8、表4-9。钢板组合梁桥可提高工作效率30%以上,桥梁总造价由高出20%降至低于5%,考虑钢结构回收利用,全生命周期降低成本约10%。

35m 钢板组合梁桥主要经济指标　　　　　　　　　　　　表4-8

名称	项目	每平方米用量	单价	合计(元)	总计(元)
上部结构	C50 混凝土	0.28m³	950 元/m³	266	2078
	钢束	0kg	15 元/kg	0	
	普通钢筋	84kg	5.5 元/kg	462	
钢结构	Q345qD	135kg	10 元/kg	1350	

续上表

名称	项目	每平方米用量	单价	合计(元)	总计(元)
桥墩+盖梁	C40 混凝土	0.05m³	1000 元/m³	50	397
	普通钢筋	7kg	5.5 元/kg	38.5	
承台	C30 混凝土	0.06m³	800 元/m³	48	
	普通钢筋	4.2kg	5.5 元/kg	23.1	
桩基础	15m	1	237 元	237	
全桥总计					2475

35m 小箱梁桥主要经济指标　　　　　　　　　　　　　　　　表4-9

名称	项目	每平方米用量	单价	合计(元)	总计(元)
上部结构	C50 混凝土	0.45m³	1500 元/m³	675	1788
	钢束	14.38kg	15 元/kg	215.7	
	普通钢筋	129.6kg	5.5 元/kg	712.8	
桥面铺装	C40 混凝土	0.1m³	800 元/m³	80	
	普通钢筋	19kg	5.5 元/kg	104.5	
桥墩+盖梁	C40 混凝土	0.17m³	900 元/m³	153	743
	普通钢筋	19.4kg	5.5 元/kg	106.7	
承台	C30 混凝土	0.07m³	800 元/m³	56	
	普通钢筋	4.9kg	5.5 元/kg	26.95	
桩基础	15m	1	400 元	400	
全桥总计					2531

4.4.4 工程应用

项目整体技术成功应用于安徽省北沿江高速公路、济祁高速公路等项目中,如图4-24所示。截至2022年,该技术已推广应用至安徽省芜黄高速公路等13个项目,并推广至广东、浙江等9省。该技术累计应用省内约80km、省外约10km,共约90km,近3年应用工程投资约43亿元,节约工程造价2.88亿元。

少主梁小横梁钢板组合梁,简化了结构构造,降低了结构自重,提高了承载效率,配合以智能化的工法工装,最大限度地实现了公路工业化绿色建造的目标。与传统混凝土梁桥相比,桥梁总体造价基本持平,全生命周期降低成本约10%,且可缩短施工周期30%以上。

a)高台大桥

b)老屋村大桥

c)裕溪河大桥

图 4-24

  d)顶推施工   e)龙门架施工   f)架桥机施工

图 4-24 钢板组合梁桥实施效果——经济性新概念

4.5 全体外预应力节段拼装箱梁桥

4.5.1 研发思路

  随着体外预应力技术的不断成熟,体外预应力得到了广泛推广。体外预应力与节段拼装箱梁桥相结合,能够更好地发挥标准化建造的优势。目前,全体外预应力是国外最新发展、重点使用的形式。如泰国曼纳高速公路桥、美国宾夕法尼亚州萨斯奎哈纳河桥、美国《佛罗里达预张索桥梁新指南》等,如图 4-25 所示,都采用或推荐该形式。

  a)曼纳高速公路桥   b)萨斯奎哈纳河桥

图 4-25 全体外索梁桥示例

  目前,国内的节段拼装桥梁一般将体内索、体外索混合使用。这虽然避开了接缝处无传统钢筋连接的安全担忧,但也陷入国外曾经的困扰:体内索妨碍了节段标准化,控制了梁体最小尺寸,限制了体外索的功效,梁重、索多、造价高。这些技术问题已成为国内行业内争议的焦点。因此,突破全体外预应力是提高节段梁桥工业化建造水平的关键。

  在芜湖长江公路二桥建设中,研究团队紧盯国际前沿,提出全体外索箱梁设计方案,发展了相应的设计理论,发挥结构优势,实现了标准化、全拼装、高效益的建造工艺。其技术创新及应用为国内首创。如今,这一世界上第二长度、最大跨径全体外索箱梁桥,横跨长江,再次展示了拉索体系的技术发展与结构创新开拓成果,并已成为我国桥梁强国的一处新标识,如图 4-26 所示。

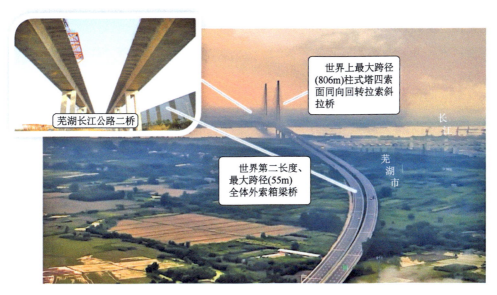

图 4-26 芜湖长江公路二桥 28km 全体外索箱梁桥

4.5.2 结构体系

基于理论研究和试验成果，研究团队提出了高度标准化的全体外预应力节段拼装箱梁桥结构，以全体外索加力托举、交叉锚固于逐跨节段拼装的预制梁端，构建出简洁、高效的离散结构受力体系，如图 4-27 所示。全体外预应力采用交叉布置简支配束、单点转向，节段箱梁采用等截面标准构造。断面采用大悬臂带肋构造，进一步降低了结构自重，实现了结构轻型化，发挥了体外预应力的效率。

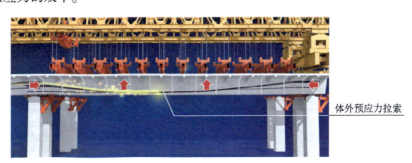

图 4-27 简洁、高效的离散结构受力体系

基于结构性能和工业化，统一规则如下：
(1) 统一顶、底、腹板等厚度 220mm、200mm、350mm，全跨范围无加厚构造。
(2) 宽度变化：截面仅改变顶、底板宽度和翼缘加劲。
(3) 跨径变化：截面仅改变腹板高度和斜腹底板宽度。
(4) 宽跨变化：截面由拉索调整剪力以保持腹板厚度。
(5) 节段纵向分块 3～3.5m。

从模块化的角度开发了等厚薄壁箱梁模块，如图 4-28 所示，形成了标准节段模块、转向节段模块、加强节段模块及墩顶节段模块一跨四种通用模块。其中,"标准模块+转向隔板"直接转化为转向模块,"标准模块+辅助隔板"直接转化为加强模块。

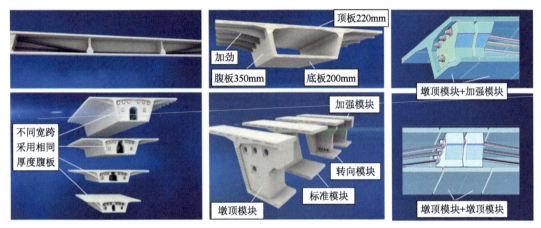

图4-28　等厚薄壁箱梁模块

体外预应力锚索区结构采用标准组合构建,边墩顶设墩顶模块和加强模块,中墩顶设两错孔过索墩顶模块。墩顶模块采用相同的横梁模块,采用箱梁周边匹配预制,横梁实心范围灌浆形成整体。

该结构创新了满足体外预应力锚索需求的分离式横梁结构,如图4-29所示,释放了横向刚度,降低面外弯矩,切断荷载路径,改善区域应力。系列参数化分析结果表明,分离宽度大于0.5m时,控制区域最大拉应力由17MPa降至4MPa,能够有效改善横梁的抗裂性。

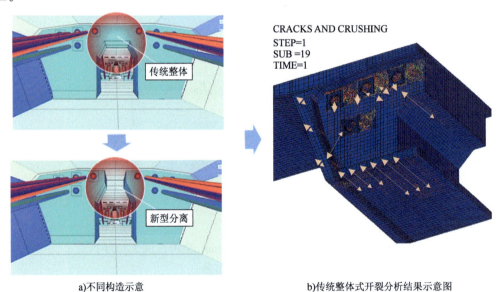

a)不同构造示意　　　　　　　　b)传统整体式开裂分析结果示意图

图4-29　面承载分离横梁

研究团队提出了将护栏底座与箱梁断面统一设计的方法,通过护栏外侧的压梁和翼缘下方设置加劲肋的方式,如图4-30所示。利用这种构造改进提高大悬臂的整体受力性能,缓解了大悬臂的剪力滞效应。结构处于无拉低压状态,应力 1~12.5MPa,强度大于传统计算结果。

研究团队提出了统一的拉索空间位置设计规则,采用空间变基面设计方法,进行了拉索位置设计,如图 4-31 所示。以拉索导线上三个相邻交点形成空间基面,进行单形态设计,分解了复杂的几何问题,空间布束更加规则。

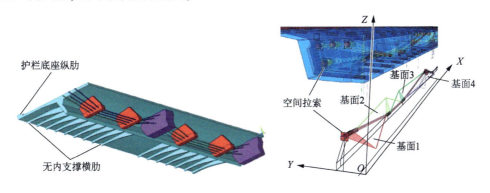

图 4-30　护栏底座纵肋、无内支撑横肋　　　图 4-31　拉索空间变基面设计

4.5.3　结构性能分析

(1)结构受力性能

以轻型化思路为指导,系统地分析大悬臂轻型断面的合理参数,优化了最优断面形式,在满足横向受力的同时,降低了箱梁断面的自重,确保了带肋大悬臂断面在配置横梁横向预应力情况下具有良好的承载能力和抗裂性,顶板断面可以控制在 22cm,底板可控制在 20mm。

采用全桥实体有限元模型,考虑结构的空间效应,对全体外预应力的承载能力和抗裂性进行了系统分析,如图 4-32 所示。研究表明,全体外预应力和轻型箱梁配合,在荷载标准值组合下控制断面均具有 1MPa 以上的压应力储备,具有良好的抗裂性能。针对全体外预应力索梁分离的特点,分析了索、梁变形关系,修正了全体外预应力节段梁桥承载能力计算模型,揭示了全体外索承梁的大变形高承载特性。研究表明,研发的全体外预应力节段梁桥具有 1.3 倍以上的承载能力安全储备。

(2)工业化数字化建造控制指标

结合工程实践,总结了全体外预应力节段梁桥工业化设计的关键控制指标:

①体外拉索设计判断标准:应力幅度 $\Delta\sigma \leqslant 70\text{MPa}$,容许应力 $[\sigma] \geqslant 0.6 f_{pk}$。

②体外拉索关键性能指标:满足应力幅度 80MPa、上限应力 $0.65 f_{pk}$、200 万次循环荷载-磨蚀疲劳试验要求。

③体外拉索张拉控制标准:张拉应力 $\sigma_{con} \leqslant 0.7 f_{pk}$。

(3)经济性分析

以芜湖长江公路二桥为例,对全体外预应力轻型箱梁桥的经济性进行了比较,见图 4-33。与传统节段箱梁桥比较,全体外预应力节段拼装轻型箱梁减轻梁体自重 20% 以上,减少预应力纵梁 15% 以上,综合造价可降低 15% 以上。

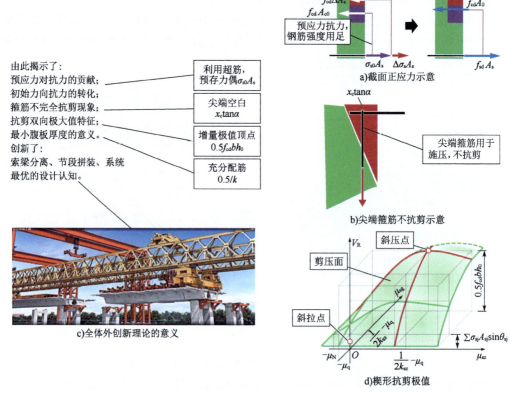

图 4-32 创新理论指导结构计算

项目	施设节段预制拼装箱梁桥		初设节段预制拼装箱梁桥		施设对比初设材料指标变化	
	混凝土 (m³/m²)	纵向束 (kg/m²)	混凝土 (m³/m²)	纵向束 (kg/m²)	混凝土 (%)	纵向束 (%)
4车道30m桥	0.53	17.10	0.56	20.72	−7.1	−14.2
6车道30m桥	0.49	17.96	0.54	19.22	−10.2	−6.5
6车道40m桥	0.52	18.72	0.59	26.25	−11.8	−11.9
6车道55m桥	0.54	24.46	0.65	31.28	−16.9	−21.8

a)全体外索箱梁材料对比

项目	施设预算(建安费)				初设概算(建安费)			
	上部结构(万元)	下部结构(万元)	桥梁长度(m)	经济指标(万元/m)	上部结构(万元)	下部结构(万元)	桥梁长度(m)	经济指标(万元/m)
4车道30m桥	52116	29026	10968	7.3981	60140	30231	12078	7.4823
6车道30m桥	32683	17445	5913	8.4776	35320	18583	5199	10.3680
6车道40m桥	50835	25463	8776	8.6939	64024	43915	9215	11.7134
6车道55m桥	14633	9905	2170	11.3078	13119	12205	1785	14.1871
统计	232107	27827	8.3411		277537	28277	9.8149	

4.5亿

b)全体外索箱梁桥经济对比

图 4-33 经济性对比图

4.5.4 工程应用

全体外预应力节段箱梁桥的相关技术全面应用于芜湖长江公路二桥的建造中,应用总里程28km。实现了20084榀预制件桥梁的快速建造。全线采用30m、40m、55m三种跨径形式,分为双向4车道、6车道两种断面。实践表明,单个节段预制1~5天,每跨安装周期为5~7天,缩短了施工周期的30%。打破了品质、造价不能同时兼顾的魔咒。梁体无拉应力,均处于1~12.5MPa低压应力状态,应力分布均匀。芜湖长江公路二桥通车使用5年以上,结构状态良好。28km节段梁桥造价23.2亿元,较传统结构减少4.5亿元。

4.6 模块化低高度钢管桁架梁桥

4.6.1 研发思路

针对道路交叉限制因素多、跨度要求大、施工难度高、难以适应工业化建造等问题,通过原型设计、理论研究、数值分析、模型试验和现场验证,通过研究模块化钢管桁架梁,提出跨径50~100m模块化钢管桁架梁。

采用下承式钢管桁架结构,充分利用钢管桁架的承载能力降低主梁高度,从而减小主梁高度侵占跨越道路的空间,可以降低上跨路线高程,从而减小接线桥梁的工程总量。其中,钢管桁架结构采用模块化布置方式,以基准长度为模块,可以适应50~100m不同跨度的要求,以适应不同跨越能力和跨越条件的需求。先后通过Ⅰ型结构开发与Ⅱ型结构改进,建立适宜工业化建造的模块化低高度钢管桁架梁桥。

4.6.2 结构体系

Ⅰ型结构采用"全焊钢管桁+双向预应力混凝土桥面板"的形式,Ⅱ型结构采用"全焊钢管桁+钢板组合桥面板"的形式,采用简支体系,根据不同的应用场景选用不同的结构形式。

基于结构性能和工业化建设需求,建立构造的统一规则如下:
(1)结构采用下承式开口形式,桥面主梁高度≤1m。
(2)以6m为模块,根据跨径进行模块化应用。

创新的钢管混凝土端斜杆和上弦杆、钢管腹杆的全焊组合钢管桁结构,发展压力线组合方法,解决了结构的屈曲稳定问题。同时,针对下承式不设横撑开口钢管桁,采用三维技术布置分析复杂节点,创新节点加腋板构造,保证了结构的抗疲劳力学性能。通过"钢管桁+桥面板"疲劳试验,验证了新型结构具有良好的抗疲劳性能,如图4-34所示。

4.6.3 结构性能分析

(1)结构受力性能分析

通过系统地研究低高度钢管桁架梁桥的承载能力、稳定性,分析了低高度钢管桁架梁桥的承载特性及钢管桁架的稳定性控制要点。通过系统地分析钢管接头的节点连接结构形式及局部受力性能,确保了连接节点局部位置的安全可靠,并根据受力分析结构,优化了节点的构造,实现了简洁可靠的连接,如图4-35所示。

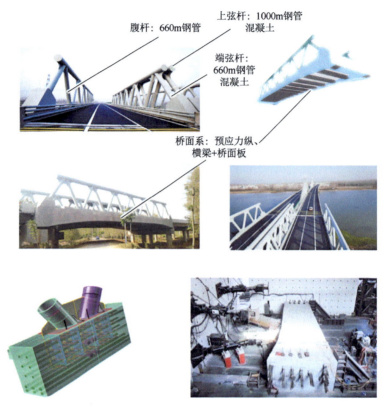

图4-34 模块化钢管桁架梁的系统性技术创新

图4-35 钢管桁架梁桥全桥有限元分析模型

研究表明,研发的模块化钢管桁架梁桥的整体稳定系数在10以上,局部稳定性系数可控制在5以上。钢管杆件的应力分布均匀,能够有效发挥材料的承载强度,是一种受力合理的结构形式。

(2)经济性能分析

以跨度道路净宽度40m的跨线桥为例,按照主跨跨径50m考虑,在相同长度内,对比分析Ⅰ型钢管桁架梁桥、Ⅱ型钢管桁架梁桥及预应力混凝土连续梁桥的造价,分析结果见表4-10。由表4-10可知,Ⅱ型钢管桁架梁桥表现更好,与连续现浇箱梁桥相比,上部重量减小71.1%,造价降低29.5%;与Ⅰ型钢管桁架梁桥相比,上部重量减小61.3%,钢管和钢板用量持平,造价降低9.7%。此外,采用钢管桁架梁桥在建设周期方面也有显著的优势,与传统变截面混凝土梁桥相比较,能够节约施工周期30%以上。综上分析,Ⅰ型、Ⅱ型钢管桁架梁桥均具有显著的经济优势。

钢管桁架梁桥经济性对比 表4-10

项目方案 (相同长度)			35m+50m+35m 连续现浇箱梁	30m小箱梁+ 50mⅠ型钢管桁架梁桥+ 30m小箱梁	30m小箱梁+ 50mⅡ型钢管桁架梁桥+ 30m小箱梁
上部构造		C50混凝土(m³)	2824.8	324×2+1454.9=2102.9	324×2+195.8=843.8
		Q345钢管(kg)	0	107204	67310
		钢绞线(kg)	113212.3	11172×2+33823=56167	—
		钢筋(kg)	495786.6	410580	—
护栏		Q235钢板(kg)	0	20343	59595.5
		混凝土(m³)	145.6	67.2	33.6
		钢筋(kg)	40186	18547.2	9273.6
下部构造	桥墩	混凝土(m³)	676	311+144=455	311+126=437
		钢筋(kg)	81120	54600	49800
	承台	混凝土(m³)	562	408	343
		钢筋(kg)	45000	32640	29870
	基础	桩径(m)/长度(m)	1.8/1280	1.6/1040	1.6/980
概算(万元)			1390	1085	980

4.6.4 工程应用

在徐州至明光高速公路建设中,有8处跨堤、跨路桥梁,采用跨径50m、60m的Ⅰ型钢管桁架梁,与一批低高度梁桥共同构建了低路堤综合体系,降低路线平均高度0.35m,节约工程总造价1.036亿元。此外,芜湖长江公路二桥,10处跨堤、跨路桥梁,采用跨径均为50m的Ⅱ型钢管桁架梁,如图4-36所示,上部重量减小71.1%,桥梁总造价降低29.5%。

a)成桥

b)钢管对接焊

c)组合桥面板施工

图4-36 钢管桁架梁桥实施效果

市政工程也在积极引进并应用这一技术,如合肥集贤路交叉工程等,形成了积极的示范效应和效益。

4.7 模块化组合结构斜拉桥

4.7.1 研发思路

公路工业化绿色建造桥梁轻型化技术体系,向更大跨径桥梁发展,需要同时考虑两个方面的技术内容:一是结构的轻型化技术,二是结构的模块化技术。技术发展以往不将其作为重点,造成技术体系中跨径100m以上的桥型缺位。

项目基于既有的轻型化技术,提出模块化组合结构斜拉桥,发挥组合结构的技术经济优势,以模块变化适应不同跨径桥梁,开展大跨径桥梁模块化、全拼装、高效益的工业化建造。

4.7.2 结构体系

(1)结构形式

研究团队提出整体钢壳外骨架组合结构体系,以模块化结构进行拼装,形成工业化组合结构斜拉桥,实现核心技术创新。结构力线平顺,构件承载力强,材料组合灵活,施工浇筑方便,经济优势明显。

结构由钢主梁模块、组合梁模块、拉索模块、索塔模块组成,进行结构体系高度的标准化分解,如图4-37所示。在确定跨径后,根据跨径尺寸选择合理数量的主梁模块,并配备相应的索塔模块和拉索模块,形成对应尺寸的模块化组合结构斜拉桥。

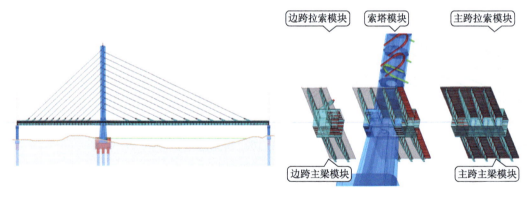

图4-37 整体钢壳外骨架模块化组合结构斜拉桥

(2)统一规则

基于结构性能和工业化建设需求,统一规则如下:

①主梁采用两种标准模块:钢脊骨梁模块纵向分块3m,钢壳组合脊骨梁模块纵向分块3m。

②拉索采用竖琴形布置,统一索距和倾角。

③索塔采用等截面布置,竖向分段5.5m。

(3)标准模块

主梁模块设置两种标准模块,如图4-38所示,主梁模块可单独使用,也可混合使用。混合使用时,采用研发的"钢骨架组合连接结构"技术,进行两种模块的一体化设计,确保结合区更为平顺。

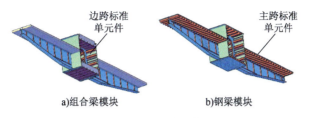

图 4-38 主梁标准模块

混合使用时,1 个主跨组合梁段由 4 个钢脊骨梁模块组合形成,按照长度 12m 控制;1 个边跨组合梁段由 2 个钢壳组合脊骨梁模块组合而成,按照 6m 控制。主、边跨锚索区梁段分别由相应的标准模块组合而成,如图 4-39 所示。主梁支点区、主梁结合区、塔梁结合区梁段则分别由相应的标准模块改造再组合而成,如图 4-40 所示。

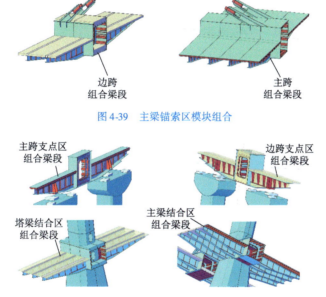

图 4-39 主梁锚索区模块组合

图 4-40 支点区、主梁结合区、塔梁结合区模块组合

为适应模块化布置要求,拉索采用竖琴形布置,索距、倾角形式统一。借助同向回转拉索技术,拉索在塔上进行 180°回转,在梁上通过锚拉板锚固,形成了等间距双肢单索面拉索。进行拉索模块化改进设计,塔上鞍座不再交叉,拉索索力均匀。拉索的锚固体系采用的鞍座、锚拉板、锚具结构形式简化、构造统一。

在索塔构造设计时,借助拉索模块化设计,单柱式索塔锚索区也实现了模块化设计,如图 4-41 所示。索塔节段设计为双壁钢壳混凝土组合标准模块,内外尺寸、鞍座设置均采用统一的尺寸。

同时,采用研发的"钢骨架组合连接结构"技术,进行索塔与主梁外骨架钢壳一体化设计,塔梁结合区受力更为平顺。脊骨梁、同向回转拉索、单柱式索塔的模块化设计,实现了结构的方便组合分解,同时也为灵活制定施工方案提供了多种选择。

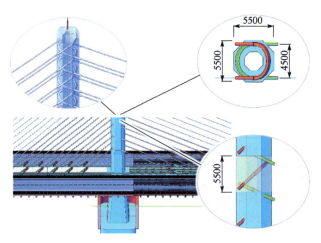

图 4-41 拉索、索塔锚区模块化设计（尺寸单位：mm）

在实施案例中，施工方案定为索塔钢壳拼装、边跨支架拼装、主跨悬臂拼装 3 大过程，并进一步细分为 7 个施工控制阶段和若干个结构计算阶段，对结构从索塔施工直至成桥运营的状态进行了全面把握，如图 4-42 所示。

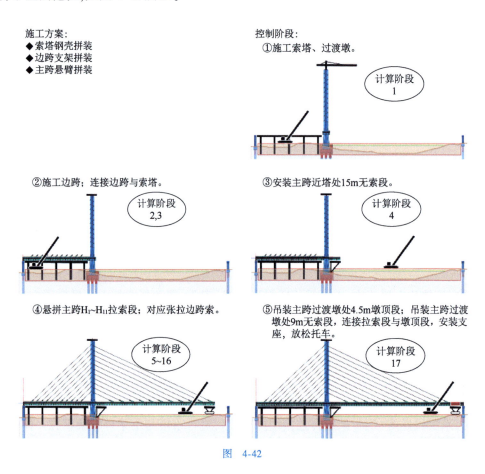

图 4-42

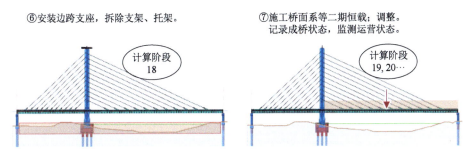

图 4-42 施工方案、施工控制阶段及结构计算阶段

4.7.3 结构性能分析

(1) 结构安全性计算

斜拉桥主、边跨拉索非对称布置时,主、边跨恒载配置不相同。如何做到恒载配置比例适当、结构状态合理,是一个值得研究的问题。针对这一问题,进一步分析了不对称布置情况下边中跨恒载配置方法。

以孔城河大桥为例,斜拉桥主跨为钢脊骨梁,边跨为钢壳组合脊骨梁,边、主跨索距比为 0.5,恒载配置比为 4,这给边跨设计带来相当大的压力。研究以拉索在索塔上的锚固索位为主动调控参数,提出边、主跨恒载配置比调整系数 k,并采用索塔底拉索力弯矩积归零的方法,推导出其解析解公式如下,为问题的定量解决提供了依据。

$$k = \frac{q_1 b_1 (b_1 - x_1)}{q_2 b_2 (b_2 - x_2)} \tag{4-3}$$

式中: k——调整系数;
q_1——中跨荷载集度;
q_2——边跨荷载集度;
b_1——中跨跨径;
b_2——边跨跨径;
x_1——中跨拉索塔端锚点偏心距;
x_2——边跨拉索塔端锚点偏心距。

分析表明一般情况下,可实现 $k<1$,用于边、主跨比过小时,在控制塔顶位移的前提下,适当降低边跨配重。但由此将引发边、主跨恒载配置不平衡和结构额外的变形和内力,如图 4-43 所示。在设计过程中应该合理控制两侧的荷载集度,控制合理 k 值,确保主塔两侧拉索重量基本平衡。

总体计算分析模型采用空间杆系单元,组合截面使用部分配重,如图 4-44 所示。主梁脊骨部分为独立模块,高度、组合等可独立调整。采取脊骨梁独立调整方法,结构纵向很快达到理想状态。

满布活载下,主梁轴线处最大挠度为 0.252m,如图 4-45 所示,完全偏载下,悬臂翼缘处最大挠度为 0.324m,小于 $L/500$,满足要求。主梁钢结构应力小于规定的 210MPa。主梁混凝土最大拉应力为 5MPa,其他位置的拉应力均较小,应考虑配筋。索塔混凝土中跨侧无拉应力,边跨侧最大拉应力为 0.7MPa,通过合理配筋可处于良好受力状态。

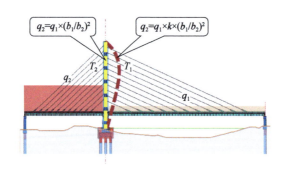

图 4-43　主、边跨恒载配置关系

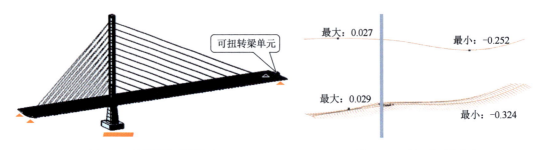

图 4-44　总体结构计算模型　　　　　图 4-45　主梁竖向最大挠度

主梁模块中悬臂部分为独立模块,高度、组合等可独立调整。采取钢托梁独立调整方法,结构横向很快达到理想状态。针对大悬臂脊骨梁的结构特点,研究其横向受力,计算模型采用实体单元,稳定区施加最不利扭矩,如图 4-46 所示。

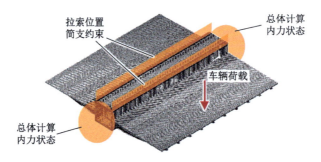

图 4-46　横向受力计算模型

受力分析表明,边跨组合脊骨梁的钢托梁总体应力水平为 0~140MPa。钢纵梁、横隔板、加劲肋总体应力水平为 0~160MPa。桥面板根部产生拉应力为 2~7MPa。边跨受扭转影响较小,桥面板与钢纵梁宜进行连接,如图 4-47 所示。钢托梁总体应力水平为 0~140MPa。钢纵梁、横隔板、加劲肋总体应力水平为 0~180MPa。桥面板总体应力水平为 0~90MPa。主跨受扭转影响相对较大,但总体受力仍保持合理,如图 4-48 所示。

（2）经济性分析

在实施案例中,重点为各部分钢结构钢板厚度的最终确定。与以往典型工程相比,实施案例减少用钢 5.6%~18.3%。如图 4-49 所示。

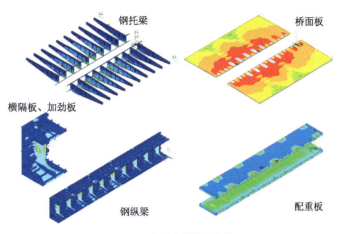

图 4-47　主梁边跨横向应力

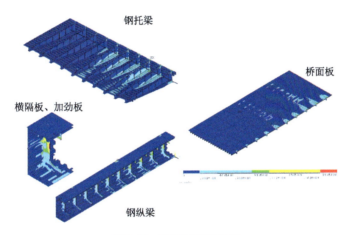

图 4-48　主梁主跨横向应力

梁型	位置	钢材指标 (t/m)
脊骨梁	主跨	13.4
整体钢箱梁	主跨	14.2
分体钢箱梁	主跨	16.4

a)脊骨梁

b)整体钢箱梁　　　　c)分体钢箱梁

图 4-49　典型工程主要量化指标对比

4.7.4 工程应用

该技术全面应用于合纵高速公路孔城河大桥,主跨165m独塔混合梁斜拉桥,表现出突出的快速建造技术优势,产生了显著的经济社会效益。

模块化组合结构斜拉桥,简化了结构构造,降低了结构自重,提高了承载效率和结构耐久性,实现了公路工业化绿色建造的跨越式发展。较传统结构减少主跨、边跨用钢约15%,减少边跨配重约20%,降低桥梁总造价约15%,且可缩短施工周期20%以上,如图4-50所示。

图4-50 组合结构斜拉桥实施效果

4.8 模块化桥墩、装配式桥台

4.8.1 研发思路

针对公路桥梁下部结构的标准化和轻型化技术发展滞后,与工业化上部结构的适配不强,对轻型化上部结构反映不够的问题,创新桥梁用预制管桩、预制管柱结构,提出模块化桥墩、装配式桥台,统筹考虑与轻型化上部结构形成配套的系统,并重点考虑施工操作的便利性,以更好地发挥工业化建造的优势。

4.8.2 结构形式

开发了与小箱梁、轻型T梁桥等多梁式构件相匹配的T形模块化桥墩,采用分离式预制轻型盖梁适配圆形预制管柱,形成预制拼装T形模块,组合成适应不同要求的桥墩,如图4-51所示。预制构件品质高、重量轻,更好地适合了公路工业化建造的要求。

a)预制管柱　　　　b)T形模块化桥墩　　　　c)装配式桥台

图4-51 装配式下部结构形式

开发了轻型装配式桥台,进行盖梁、背墙、耳墙独立设计与组合制造,形成预制拼装组合模块,组合成适应不同要求的桥台,实现了桥台全装配化施工,系统地完备了公路工业化建造的界面。

4.8.3 结构性能分析

在研究装配式下部结构静力性能的同时,开展了预制管柱与承台结构拟静力试验研究,系统地验证装配式下部结构的抗震性能,如图4-52、图4-53所示。通过数值分析与模型试验研究表明,项目研发的装配式下部结构的工作状态良好,结构构造合理、构件传力平顺、系统受力安全。

图4-52 关键结构理论分析　　图4-53 足尺模型拟静力试验

4.8.4 工程应用

研究形成的装配式下部结构在安徽省G3京台高速公路(方兴大道—马堰)的改扩建工程中得到了成功的应用。该项目原为双向四车道高速公路,路基宽28m,本次扩建按双向八车道高速公路标准建设,整体路段路基宽度42m,采用的装配式墩柱、桥台及大直径灌注桩构造,成功地解决了改扩建工程工期长、对城市交通影响大、污染严重等问题,提高了工程的建造品质。

以合安高速公路改扩建工程为例,如图4-54所示,通过规模化应用和技术改进,采用研发的装配化下部结构能够节约造价5%~10%,施工进度和质量控制明显提高。承台采用插槽式连接,盖梁采用波形套筒式连接,提高了连接适应性,提高施工效率20%以上。综合效益显著,是实现桥梁下部结构工业化建造的理想结构。

图4-54 合安高速公路改扩建工程装配式下部结构应用现场

4.9 装配构件关键连接结构

4.9.1 回转式钢筋连接结构

基于回转式拉索锚固工作原理和研发经验,开发了预制构件回转式钢筋连接结构,以两排

U形钢筋对向交叉形成O形钢筋结构,内部设置支垫钢筋,灌注承压混凝土,形成锚具式连接,如图4-55所示。回转式钢筋连接结构避免了接缝钢筋焊接,接缝宽度可小于传统接缝的1/2,简化了结构构造,减少了现场施工,每道接缝提高施工效率40%以上。

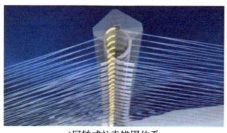
a)回转式拉索锚固体系

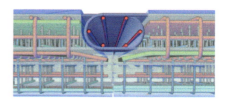
b)回转式钢筋连接结构

c)回转式拉索使用效率

d)回转式钢筋湿接缝示意

图4-55 回转式锚固/连接结构

4.9.2 挤压、剪切式锚拉板连接结构

研发了挤压摩擦型索梁连接锚拉板结构,利用横向预应力对锚拉板提供侧向压力,通过预应力的下压力和锚拉板与混凝土摩擦力实现锚拉板与混凝土的可靠连接,可使传统连接结构与主梁预应力的空间冲突问题转化为共生关系。

如图4-56所示,研发剪切式索梁锚固结构,通过在铆管上设置多重剪力键,配合底托板实现锚拉板与主梁的锚固,适用于中央索面斜拉桥拉索与混凝土主梁的连接。

连接施工由梁底或梁内转至梁顶,安全便利,且技术通用性较强。

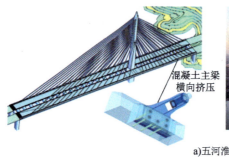 
a)五河淮河大桥

图 4-56

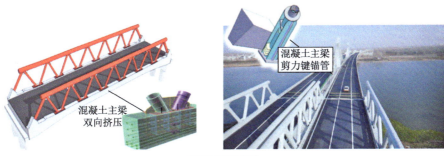

b)怀洪新河大桥

图 4-56 挤压/剪切式锚固结构

4.9.3 栓接 + 剪切、半铰 + 套筒式连接结构

开展了桩板连接设计技术研究,提出满足不同应用场景的桩板连接形式,如图 4-57 所示。提出一种"栓接 + 带肋剪力筒与填芯钢筋联合套装式"(多重剪力键)桩板连接装置。柱板连接设计方法传力平顺、受力安全,安装、拆卸均较为方便,现场工作量小。研发"半铰 + 半刚性桩板复合连接结构",由弹性垫圈和核心混凝土组成,能够使用较大的转角变形,示范温度次应力,满足多跨超长桩板结构的设计要求。

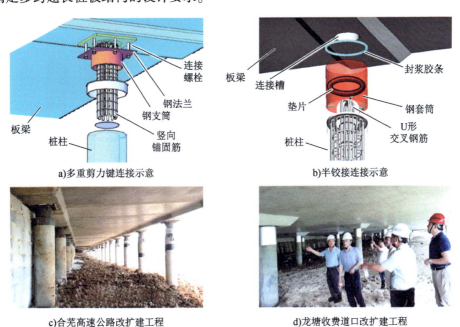

图 4-57 桩板不同连接结构

4.9.4 插槽、波形筒、法兰焊式连接结构

系统地研究装配式下部结构的连接设计技术,提出墩柱与承台插槽式连接,墩柱与盖梁波形套筒连接,墩柱之间法兰焊接等关键连接结构,如图 4-58 所示。开展预制墩柱之间及与承

台结构的拟静力试验研究,系统地验证装配式下部结构的抗震性能。研究设计关键参数的取值方法,明确关键设计参数的合理取值范围。连接结构受力状态良好,构造合理、传力平顺、受力安全。

a)墩柱承台插槽式连接结构　　b)墩柱法兰焊接连接结构　　c)墩柱墩帽波形筒式连接结构

图 4-58　装配式墩柱连接结构

4.9.5　钢构件组合连接结构

开发了多梁式主梁桥梁装配式横向连接结构,如图 4-59 所示,采用型钢替代传统混凝土横梁,通过预埋套筒与主梁连接。消除横梁对纵梁预制模板的限制,简化纵梁预制模板系统,提高主梁的预制质量和生产效率。

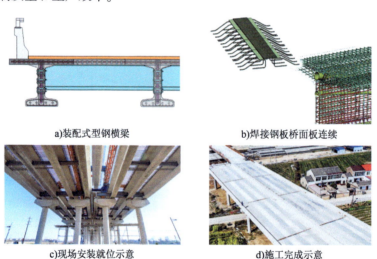

图 4-59　混凝土多主梁组合式连接结构

研发了基于钢板快速焊连的新型装配式桥面连续构造,形成主梁结构简支、桥面连续体系。取消现浇混凝土连接构造,受力明确、构造简单、施工便捷。

4.9.6　钢骨架组合连接结构

研发了组合脊骨梁和钢脊骨模块的通用连接构造,如图 4-60 所示,可适应正交异性桥面板和混凝土桥面板及组合纵梁和钢纵梁的可靠连接。开发钢壳桥塔模块通用连接构造,实现内外钢壳之间、模块节段之间及钢壳骨架安装的可靠快速连接。发明组合脊骨梁钢壳与钢壳桥塔固结连接构造,在简化构造的同时,实现内力的平顺过渡。

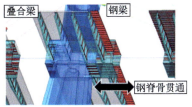
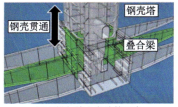

图 4-60　钢骨架组合式连接结构

开发了钢板组合梁大悬臂桥面板浮动纵梁护栏底座结构形式,如图 4-61 所示。论证了护栏底座浮动纵梁对横向受力整体性的改善作用。创新钢挑梁端浮动纵梁,如图 4-62 所示,分析大悬臂钢挑梁设置小端板、双面加劲、临时型钢纵梁、连续钢裙边的实施可行性及其对结构的影响,以提高大悬臂钢挑梁的横向抗扭性能为主要目标,优选出设置钢裙边方案。

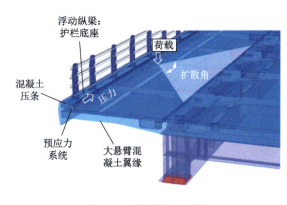
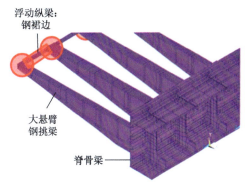

图 4-61　护栏底座浮动纵梁　　　　图 4-62　钢挑梁端浮动纵梁

在横向,大悬臂钢挑梁竖向刚度提高,最大挠度在荷载作用处降低,范围加长。钢裙边与钢挑梁端构造尺寸接近时,钢挑梁上荷载挠度影响多出 2 个悬臂间距,承载范围扩大,有效地消除了大悬臂钢挑梁以往存在的根部强度不足的风险。据此,该结构保证了结构的安全性、耐久性,支持了结构的轻型化设计。

在钢裙边约束下,大悬臂钢挑梁抗扭刚度提高。钢裙边与钢挑梁端构造尺寸接近时,钢挑梁扭转变形由原来的 12mm 减小为 2mm 以内。

4.10 本章小结

以工业化的思想为指导,针对公路工程的建设需求,在工业化设计理论指导的基础上,开展了轻型工业化桥梁体系创新研究。原创设计了跨径 6~13m 全装配新型桩板式道路,以结构化形式替代传统路基,开发了适宜工业化建造的拼装桩板式道路结构及新建桩板式道路结构体系,实现了公路工程的绿色化建造。兼顾桥梁的性能和道路的造价,发挥工业化建造优势,同时减少土地的占用。

研发出跨径 15~25m 薄腹宽翼轻型 T 梁,简化了构造形式,形成了统一的断面,便于构件预制化生产;通过与型钢横梁连接,解决了横梁预制难题,实现了高度简洁的构造,成为多梁式混凝土桥梁工业化建造的工程示范。开发了跨径 35~40m 简洁高效的少主梁小横梁钢板组合梁,提高用材效率、施工精度和建造速度,降低组合结构的造价,提升桥梁品质。基于设计、施工一体化的理念,提出了全体外预应力节段梁桥构造标准化设计方法,研发了跨径 30~55m 全体外预应力节段拼装轻型箱梁桥结构,实现了节段梁桥工业化建造的新突破。

针对道路交叉限制因素多、要求跨度一般较大、施工难度大、不适应工业化建造的问题,开发了跨径 50~100m 模块化钢管桁架梁,解决了公路的低成本高效跨越。基于既有的轻型化技术,提出跨径 100~250m 模块化组合结构斜拉桥。发挥了组合结构的技术经济优势,以模块变化适应不同跨径桥梁,实现了大跨径桥梁模块化、全拼装、高效益的工业化建造。

开发了跨径 3~6m 四构件双铰管形及箱形通道结构,以管形通道、箱形通道和预制洞口相匹配形成体系,管形和箱形通道采用顶板、侧墙和底板四构件预制拼装形成,预制洞口采用通用挡墙模块拼装形成。针对不同的通行需求和设计标准确定的四种型号的装配式箱形通道、四种型号装配式管形通道和通用挡墙型预制洞口,形成了截面、标准节段、连接构造等系列的标准化技术。原创性地提出标准梯形拼装挡墙通用通道洞口,形成了标准化设计方法,能够匹配任意形式的通道主体结构。

针对公路桥梁下部结构的标准化和轻型化技术发展滞后,与工业化的上部结构适配不强,对轻型化的上部结构反映不够的问题,创新桥梁用预制管桩、预制管柱结构,提出模块化桥墩、装配式桥台。创新了回转式钢筋连接结构,挤压型、剪切式锚拉板连接结构,栓接+剪切型、半铰+套筒式的钢柱连接结构,插槽型、波形筒式、法兰焊式墩柱连接结构,钢构件组合连接结构、钢骨架组合连接结构。系统地解决了装配式结构连接的技术难题,实现了高效可靠的连接。

建立了上部、下部全装配,跨径全覆盖的轻型桥梁技术体系,破解了土地资源制约的难题。解决了结构构件不适应、标准化程度不足、模块化水平低、节段构造复杂、制造安装困难等问题。

第 5 章
CHAPTER 5

数字化管控平台开发与智能建造技术

结合长期的工业化智能建造实践,得出直接影响公路工业化管理实效的数字化管控平台,主要涉及管控平台、设计平台、交互平台,提出基于统一三维结构内核运行的技术思路,广泛联合,系统开发。

在建立信息模型基本标准的基础上,研发了具有三维结构内核的数字化管控平台,开发三维正向设计数智化设计平台,建立具有设计、工厂、工地三大数字场景的交互式决策平台。解决过程管理难交互、应用BIM技术多停留在事后演示层级上的顽疾,实现了基于BIM技术的设计、施工、检测快速信息共享和相互修正的目标。

5.1 信息模型基本标准研究

5.1.1 安徽省公路行业 BIM 技术标准体系研究

BIM技术是一种应用于工程设计、建造、管理的数据化工具,通过整合建筑的数据化、信息化模型,在项目策划、运行和维护的全生命周期过程中进行共享和传递,使工程技术人员对各种建筑信息作出正确理解和高效应对,为设计团队以及包括各方建设主体提供协同工作的基础,在提高生产效率、节约成本和缩短工期等方面发挥重要作用。

BIM技术要支持项目数十年上百年生命周期内,成百上千项目参与方使用上百种不同的软件产品协同工作,分别完成各自的职责:即优化项目性能和质量、降低项目成本、缩短项目周期、提高运营维护效率。

(1)成百上千的项目参与方:一个工程项目的建设、运营涉及建设单位、用户、政府主管部门、建设方、项目管理方、产品供货商等,涉及消防、卫生、环保、金融、保险、法务、租售、运营、维护等行业的成百上千家参与方和利益相关方。

(2)数十年上百年的项目生命周期:一个工程项目的典型生命周期包括规划和设计策划、设计、施工、项目交付和试运行、运营维护、拆除等阶段,时间跨度为几十年到上百年甚至更长。

(3)上百种的软件产品:一个工程项目整个生命周期内,所有项目参与方和利益相关方需要用到的各类应用软件种类很多。虽然截至目前还没有看到相关的研究资料,但估计平均应该超过100种,如美国服务于工程建设行业的软件产品超过1000种。当然,一个项目不需要用到所有的软件产品。

要实现这个目的,需要解决以下三个问题:

(1)信息交换的格式:信息采用什么载体,用什么表达方式进行存储并传递给其他人,即存储标准。

(2)什么人提供什么信息:参与建设的所有人员,分别要提供什么信息,即交付标准。

(3)用什么语义进行表达:用什么样的语言来表达信息所代表的时间、地点、人物和行为,即信息语义标准。

为推进 BIM 技术在合枞高速公路项目全生命周期的实施,项目参考国内外既有标准,以交通运输部组织编制的标准作为依据,结合安徽省高速公路工程建设的特点,探索具备可执行性,适用性强的 BIM 标准体系。

5.1.2 设计数据存储标准研究

BIM 技术实现集成的一个重要前提和基础是数据标准化。从目前发展的趋势来看,基于国际互操作联盟(Industry Alliance for Interoper ability,IAI)的 IFC 软件应用成为一种重要途径。IFC 的重要性可见一斑。BIM 标准也相应地成为 ISO 认可的一个标准。目前,一些主要工业发达国家正在制订本国的 IFC 标准,我国的《建筑工程信息模型存储标准》标准也处于编制阶段。

但是,既有 IFC 标准未能完整地涵盖公路工程,无法满足公路信息交互需要;公路工程所需建模软件种类繁多,对 IFC 支持程度参差不齐。IFC 格式作为 BIM 信息存储、交互的格式,依旧面临很多问题。

在国内外相关项目实施基础上,探索采用几何信息与非几何信息分开存储、交互的方式,以保证信息存储的完整性和信息交互的可实施性。

(1)几何信息的存储和交互。合枞高速公路项目设计阶段分别采用了 bentley 平台和 Revit 平台进行建模,几何信息的成果输出格式分别为 dgn、rvt,倾斜摄影格式为 osgb。结合以往项目经验,Autodesk 公司的 fbx 格式是几何信息损失小、对其他三维软件支持友好、应用范围最广的一种格式。

经研究,dgn、rvt 都能无损地将格式转换为 fbx,osgb 也能在指定精度等级转换为 fbx。

(2)非几何信息的存储和交互。国内既有 BIM 应用项目大多侧重于三维可视化和模拟的应用,非几何信息的存储和交互尚无可靠的解决方案,是 BIM 技术应用的一个难点。

结合 BIM 技术应用目标和公路施工阶段应用需要,非几何信息的存储格式应满足以下几点要求:

①具备广泛的通用性。在 IFC 标准尚未成熟的情况下,要实现参建各方的信息共享,必须保证既有格式能被信息共享各方无损识别使用。

②具备标准化的存储格式。在设计阶段,参与工程设计的人员多达几十人,甚至近百人,这些设计人员在提交信息时应遵循统一的存储标准,保证信息的集成和无损传递。

③具备良好的可读性。设计信息在使用前,应经数据审查,审查各方包括施工单位、监理单位、建设单位。数据格式应能方便各方查阅并审核。

经分析,xls 格式宜作为设计信息的存储和交互格式。除此之外,为满足信息集成要求,应为非几何信息制定相关的表格格式,即"数据模板"。数据模板规定了设计信息核心要素,即对象、对象属性及属性值的存储方式。数据模板规定:

①xls 工作表的第一行均为所表达信息/属性的中文描述。
②xls 工作表有且仅有一行为所表达信息/属性的信息编码,并建议设定在第二行。
③xls 工作表有且仅有一列为构件编码,并建议设定在第一列。
④构件编码列所有构件编号不允许重复。

数据模板示例见表 5-1。

设计单位以"数据模板"方式提交的非几何信息　　　　表 5-1

构件编号	型号	型号说明	C30混凝土-现浇	钢筋φ25mm(kg)	钢筋φ16mm(kg)	钢筋φ12(kg)	钢筋φ10mm(光圆)(kg)	声测管φ57mm×3.5(kg)	声测管φ70mm×6.5(kg)	Q235B钢板(kg)	桩长(m)
46-010208	46-052400	—	36-010233	36-150307	36-150303	36-150301	36-150504	36-181002	36-181003	36-170204	46-032421
HZ-05-D220-030102-D001-001	030102b3	水下φ1.4m	27.7	1913.3	26.8	37.8	234.8	254.91	9.77184	1.51	18
HZ-05-D220-030102-D001-002	030102b3	水下φ1.4m	27.7	1913.3	26.8	37.8	234.8	254.91	9.77184	1.51	18
HZ-05-D220-030102-D001-003	030102b3	水下φ1.4m	27.7	1913.3	26.8	37.8	234.8	254.91	9.77184	1.51	18
HZ-05-D220-030102-D001-004	030102b3	水下φ1.4m	27.7	1913.3	26.8	37.8	234.8	254.91	9.77184	1.51	18
HZ-05-D220-030102-D002-001	030102b3	水下φ1.4m	30.8	1732.9	30.1	37.8	259.2	282.62	12.2148	1.51	20
HZ-05-D220-030102-D002-002	030102b3	水下φ1.4m	30.8	1732.9	30.1	37.8	259.2	282.62	12.2148	1.51	20
HZ-05-D220-030102-D002-003	030103b3	水下φ1.4m	30.8	1732.9	30.1	37.8	259.2	282.62	12.2148	1.51	20
HZ-05-D220-030102-D002-004	030102b3	水下φ1.4m	30.8	1732.9	30.1	37.8	259.2	282.62	12.2148	1.51	20
HZ-05-D220-030102-D003-001	030102b3	水下φ1.4m	30.8	1732.9	30.1	37.8	259.2	282.62	12.2148	1.51	20

桥梁等结构物属性可直接通过建模软件"导出明细表"功能导出数据表,并基于数据表手工补充缺失信息。

路基工程构件属性复杂,难以通过建模软件获取其相关信息。顺应设计人员习惯,按施工图《工程数量表》表样制定数据模板(图 5-1),从而达到获取其结构化数据的目的。

施工图工程数量表

德州至上饶国家高速公路合肥至枞阳段

路基排水工程数量表(边沟)

第1页 共9页　S3-2-36-1-1

序号	起讫桩号	工程名称	截面形式	截面尺寸(m)			长度			工程项目及数量							备注
				b	5	h	左侧(m)	右侧(m)	浆砌片石(m³)	现浇C25混凝土(m³)	预制C30混凝土(m³)	砂砾垫层(m³)	水泥砂浆(m³)	挡水土埂(m³)	挖方(m³)	回填土(m³)	钢筋 HPB300(kg)	钢筋 HRB400(kg)	
1	2	3	4	5	6	7	8	9	10	11	12	13	14	15	16	17	18	19
1	K58+545.0–K58+673.0	路堤边沟	I-1型	0.60	0.60	128.0				22.91		15.36	23.04	111.37		56.08		
2	K58+673.0–K58+681.0	纵向涵	A型	φ-0.5		8.0			3.39	0.85				21.53				
3	K58+681.0–K58+900.0	路堤边沟	I-1型	0.60	0.60	219.1				39.21		26.29	39.43	190.58				

依据工程数量表设定的数据模板

表001-1 路基排水工程数量表(边沟)

标段	区域代码	局部代码	构件空间标识	起始桩号	终点桩号	工程名称	截面形式	截面尺寸(m)			长度		工程项目及数量									备注
								b		h	左侧(m)	右侧(m)	浆砌片石 63-131201	现浇C25混凝土 63-010103	预制C30混凝土 63-010104	砂砾垫层 63-131101	水泥砂浆 63-050301	挡水土埂 63-132001	挖方 63-132001	回填土 63-132002	钢筋 HPB300 63-510500(kg)	钢筋 HRB400 63-150701(kg)	
	65-010000	65-020000	65-030000	65-030001	64-031002			64-030501	64-030601	64-030401	64-030402	64-131202											
HZ							I-1型							1049.0	55.4					373.8			
HZ				K42+057.0	K45+361.4		I-1型							1039.0	108	83.4	0.33		24.8452	250.6	24.984	1816.6	
HZ-02	R330	0001		K43+377.5	K45+361.4	路堤边沟	II-1型								2055	80	53.016		16.656			120.756	
HZ-02	R340	0001		K45+361.4	K48+204.4	路堤边沟	I-1型	0.60	0.60					1827.6	2073				785.4878	526.584	789.876	3817.734	84.6	1419.4
HZ-02	R350	0001		K48+204.4	K50+350.0	路堤边沟	I-1型	0.60	0.60					1885.40	2560.6				674.94	452.50	678.74	3280.60	270.72	
HZ-03	R360	0001		K50+950.0	K53+350.0	路堤边沟	I-1型	0.60	0.60					921.00	1885.40				329.72	221.04	331.56	1602.54		
HZ-03	R380	0001		K54+415.0	K57+148.4	路堤边沟	I-1型	0.60	0.60					1162.50	921.00				416.18	279.00	418.50	2022.75		
HZ-03	R390	0001		K57+148.4	K58+563.4	路堤边沟	VI-1型							20.22	1162.50									
HZ-03	R400	0001		K58+563.4	K61+410.0	急流槽									21.52				29.12			42.98		

图5-1 依据《工程数量表》制定的数据模板

5.1.3 建筑信息模型交付研究

信息模型交付标准用于规范模型的交付行为,明确在设计、施工阶段模型成果的交付物需遵循的规则及其验收标准。标准需要充分考虑设计、施工以及运维阶段的不同应用需求,保证BIM模型能够贯穿公路构件的全生命周期。

(1)建筑信息模型的交付要求

要满足全生命周期BIM技术应用,设计模型的拆分应与项目管理流程相结合,通过对施工阶段管理流程的梳理,研究同时满足进度、质量、安全、计量管理需求的模型单元拆分方式,实现设计、施工、运维等不同阶段所需工程信息的传递。设计信息模型中应包含施工阶段施工组织和项目管理所必需的各类信息,如图5-2所示。

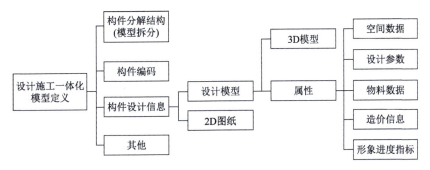

图5-2 设计信息模型的定义

如图5-3所示,本交付要求中对文件命名、构件拆分、几何精度、信息丰富度、交付流程等内容进行规定。模型的拆分原则既考虑了设计人员的可操作性,又能满足施工阶段、运维阶段的所有管理需求。同时,要明确构件分解方式、信息深度要求,以及在施工、运维阶段的应用场景。

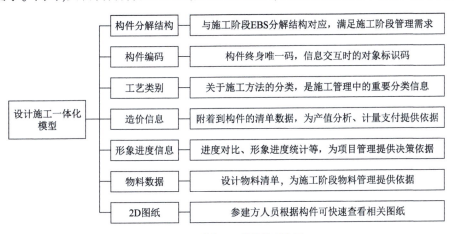

图5-3 设计施工一体化模型应用

(2)模型精度研究

建筑信息模型的单元划分遵从国家标准,由模型单元构成,根据深度的不同,模型单元种类可分为项目级、功能级、构件级、零件级四个层次。不同种类模型单元划分遵循一定的原则,见表5-2。

模型单元的划分 表 5-2

模型单元种类	划分原则
项目级模型单元	公路工程项目、子项目或局部工程的基本信息描述
功能级模型单元	公路工程中专业组合模型、单专业模型、完整功能模块的信息描述
构件级模型单元	公路工程中单一构件或产品的详细信息描述
零件级模型单元	满足加工制造、安装等要求，从属于公路工程构配件或产品的组成零件的详细信息描述

由模型精细度等级来衡量建筑信息模型包含的最小模型单元，不同设计阶段对应的最低级别的模型单元也不同，见表5-3。在实际工程应用中，不同的项目可能对模型精细度的要求不同，可根据自身需求选取对应的或修改模型单元的级别。

模型精细度等级划分 表 5-3

等级	对应的最小模型单元
LOD1.0	项目级模型单元
LOD2.0	功能级模型单元
LOD3.0	构件级模型单元
LOD4.0	零件级模型单元

（3）模型精度研究

鉴于建筑信息模型的特点，单一的几何信息和非几何信息并不能完全表征其包含的全部内容。参考《建筑信息模型设计交付标准》（GB/T 51301—2018）以几何表达精度 G_x 及模型信息深度 N_x 的方式来表征。根据模型单元几何表达精度不同，可分为 G1、G2、G3 和 G4 四个不同等级的几何表达精度，见表5-4。

模型单元几何表达精度等级划分 表 5-4

等级	等级要求	示例
G1	包含基本占位轮廓、粗略尺寸、方位、总体高度	
G2	具有关键轮廓控制尺寸、主要颜色，包含少量的细节	
G3	具有确定的尺寸和位置，该级模型单元应满足关键性的设计需求、施工要求和竣工验收要求	
G4	具有准确的尺寸、位置、色彩和纹理，可识别的具体选用产品形状特征，该级模型单元应满足深化设计、生产加工等各项要求	

（4）信息深度研究

根据模型单元信息丰富程度，可分为 N1、N2、N3 和 N4 四个不同等级的模型单元信息深度等级，见表 5-5。

模型单元信息深度等级划分　　　　　　　　表 5-5

等级	信息要求
N1	包含公路工程项目基本信息、现状场地信息、工程地质信息等
N2	宜包含 N1，增加公路工程模型单元详细设计信息
N3	宜包含 N2，增加公路工程施工信息、生产信息及安装信息等
N4	宜包含 N3，增加公路工程资产信息和维护信息

道路通用信息深度等级表，见表 5-6。

道路通用信息深度等级表　　　　　　　　表 5-6

属性名称	类型	描述	信息深度			
			N1	N2	N3	N4
道路名称	文本	—	◇	◆	◆	◆
地理信息	文本	所在地理位置等信息	◇	◆	◆	◆
道路等级	文本	—	◇	◆	◆	◆
设计车速	数值	单位：km/h	◇	◆	◆	◆
路面类型	文本	如沥青混凝土路面、水泥混凝土等	—	◆	◆	◆
机动车道宽度	数值	—	—	◆	◆	◆
非机动车道宽度	数值	—	—	◆	◆	◆
人行道宽度	数值	—	—	◆	◆	◆
绿化带宽度	数值	—	—	◆	◆	◆
中央分隔带宽度	数值	—	—	◆	◆	◆
设计起点桩号	文本	如 K0+000	—	◆	◆	◆
设计终点桩号	文本	如 K10+000	—	◆	◆	◆

注：表中"◇"表示"宜包括的信息"，"◆"表示"应包括的信息"。

（5）模型分解结构研究

模型分解结构是否合理，是设计信息能否在施工阶段发挥价值的关键所在。BIM 技术在施工阶段的应用，关键在于统一其管理对象（施工管理单元），对管理对象进行合理划分，确保各个维度数据能有序记录到管理对象上。从施工阶段管理需求出发，通过研究安全管理、质量控制、进度控制、合同管理等不同管理维度的工作分解结构，确定最小施工管理单元，并作为设计阶段 BIM 模型构件的拆分依据，如图 5-4 所示。

图 5-4　BIM 模型单元与施工阶段的工作分解结构

质量管理是工程管理中工作量最大的一项工作任务,并且在传统施工中有成熟的单元划分体系,以质量管理工作分解结构(即分部分项)为基础,结合安全、进度、造价等管理需求,确定最小施工管理单元。

质量管理工作分解结构:在《公路工程质量检验评定标准 第一册 土建工程》(JTG F80/1—2017)指导下,结合其他维度的管理需求,对传统的分部分项划分方式进行细化、调整,形成标准化的分部分项划分方式。

安全管理工作分解结构:根据《安徽省公路水运重点工程项目安全生产管理指南》中"单元法"细化安全单元划分方案,以分项/子分项的每个工序作为最小安全管理单元。

进度管理工作分解结构:传统进度管理中 WBS 的划分颗粒度相对较粗,部分周期较长的分项细化到具体施工工序中。以分项/子分项工程的具体工序作为最小管理单元进行进度管理。

造价管理工作分解结构:按"一部位多清单"的方式进行计量,计量单元的划分与质量管理单元划分保持一致。

5.2 具有三维结构内核的数字化管控平台

5.2.1 三维结构内核与统一数据模板

采用结构化的观点、工业化的方式,以部品化、轻型化、数字化为特征,实施绿色公路的高效、低价建设,这种理念逐渐应用到公路工业化建设中。其中,工程 BIM 实用技术发挥了重要的作用。

近年,国外的 BIM 技术和标准发展十分迅速,我国的建筑 BIM 技术也取得相当大的进展,但公路工程 BIM 技术刚进入启动阶段。相对于建筑对环境融合、专业协同的重视,公路工程更重视结构安全、构造协同,常规的 BIM 系统远不能满足要求。高度的结构化特征与 BIM 的图形软件背景形成错位,使得开发的公路工程 BIM 系统应用仍停留在表面层次,未能与工程设计深度融合。公路工程转型为数字工程,其中的 BIM 技术需要一个强大的结构内核。

分析公路工程的全过程管理特点,发展数字工程 BIM 技术的结构内核和双层组织,如图5-5所示。结构内核包括四个要素:空间结构、联合作用、空间分析、空间展示。双层组织包括两个部分:结构内核、应用系统。基于这一结构内核,构建总体架构,建立标准规范,研发管控平台(C-P)、设计平台(B-P)、决策平台(D-P),实现技术联合、共享应用、过程协同的目标。

公路工业化过程参与方多、实施期长、信息量大。在传统建设中,信息呈散布化、孤岛化,传递效率低、损失大,严重降低了管控效率。BIM 技术的引入虽可有效地解决上述问题,但在国内公路行业尚未得到有效应用,部分技术仍处于理论阶段。

项目编制公路工业化 BIM 技术标准,提出公路工业化统一数据模板,解决公路工业化过程中多阶段、多平台、多参与方间多源数据交互的难题,建立涵盖公路工业化环境、结构、使用、监测、过程、场景等全域数据定义标准和数据交付标准,形成公路工业化 BIM 数据技术体系,建立三维结构内核的基础。

图 5-5　BIM 技术的结构内核和双层组织

5.2.2　倾斜摄影测量与 BIM 技术结合应用技术

倾斜摄影测量的关键是如何获得完整准确的环境数据与信息模型,对于数据缺失或质量不合格的部分,研究补测方案并完成补测是技术的关键。研究当前主流实景建模软件 ContextCapture(原 Smart3D)数据处理的流程和方法,完成实测数据的处理,建立实景三维模型,并总结处理过程中的技术要点,如图 5-6 所示。在完成数据采集和处理的基础上,研究实景模型质量影响因素及其控制方法。

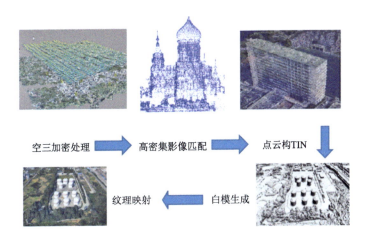

图 5-6　全自动化的数据处理过程

倾斜摄影测量的数据处理软件有多个,如:ContextCapture、Pictometry、Street Factory、Pix4D、PhotoScan、PhotoMesh 等。目前市场上主流的软件中,ContextCapture 具有自动化程度高、人工干预少、成果效果好等优点,自动化的处理过程如图 5-7 所示。

| | a)摄影照片 | b)三维网格 |
| | c)三维模型图 | d)点云数据图 |

图 5-7　倾斜摄影模型的不同表达形式

ContextCapture 生成的实景模型的数据格式有 s3c、3sm、3mx、osgb、fbx、obj、dae、spk、kml 等,见表 5-7。这些格式能够导入到不同的软件平台,如图 5-8 所示。

倾斜摄影测量提交成果内容及格式要求　　　表 5-7

序号	成果内容	格式要求
1	备案批文(如有)	原件
2	原始影像	jpg(带 POS 信息)
3	像控点成果	坐标:docx、xlsx、pdf 点之记:dwg 实地照片:jpg
4	技术方案	docx、pdf
5	现状实景模型 拍平设计方案所在范围的实景模型 单体化实景模型	3mx(专用格式) osgb(通用格式) fbx(通用格式) obj(通用格式)
6	工程项目源文件	软件默认结构及格式
7	其他成果(如有)	甲乙双方根据具体项目确定

倾斜摄影模型与 BIM 模型在不同的环境下,有不同的集成方式,每种方式又有不同的特点,如表 5-8 所示。

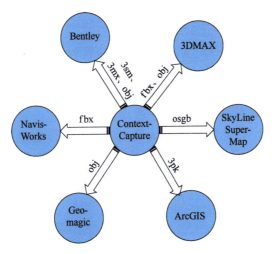

图 5-8 倾斜摄影模型与 BIM 软件的数据交换方案

倾斜摄影模型与 BIM 模型的集成解决方案　　　　表 5-8

集成平台	适应范围	成果展现软件	特点分析
MicroStation	大范围	MicroStation	运行速度快,实景模型像素高,软件需授权
		Bentley View	运行速度一般,实景模型像素高,软件免费
		3D PDF	汇报方便,实景模型像素一般,软件免费
3DMAX	小范围	3DMAX	运行速度一般,实景模型像素较高,动画制作方便
Navisworks	小范围	Navisworks	运行速度一般,实景模型像素较高,视觉效果差
SuperMap	大范围	SuperMap	运行速度较快,实景模型像素高,能进行 GIS 空间分析,但 BIM 模型进入平台工作量较大

研究中不仅将倾斜摄影模型与 BIM 模型在大型商用平台 MicroStation、3DMAX、SuperMap 上进行了集成应用,而且还与研发的 BIM 协同管理平台在 Web 端进行了集成应用,以合枞高速公路为例,Web 端集成平台如图 5-9 所示。

图 5-9 倾斜摄影模型在 BIM 协同管理平台上的集成方案

5.2.3 项目管理知识库建立

建立公路桥涵项目管理知识库,实现公路项目全程智慧管控。在建立"BIM 模型"的基础上,以"工艺分类"为核心,为桥涵结构、构件施工各工序定义质量、安全、进度等关键管控节点和流程规则,如图 5-10 所示。建立标准化的工序,为每个工序设置质量检验控制点、危险源辨识、形象进度控制点知识库。以构件进度信息触发安全预警和质量验收提醒,以质量验收信息触发计量提醒,计量数据直接从模型中获取。以此建立算法,驱动项目的智能化管理。平台在不同来源的公路数据在知识库给出的算法下,协调各部门共享信息、协同开展工作。

图 5-10 公路桥涵项目管理知识库

5.2.4 全域智慧协同

公路智能建造技术体系对公路建造过程的管理技术更新提出了新的要求。为解决工业化建造中各部门信息沟通难、协作程度低、生产流程监管弱等难题,在充分解析工业化建造工艺的基础上,分析智能化管理的关键问题,并解决全域协同难题。智能化管理涉及两个主要环节:一是要有丰富的、高质量的、实时更新的公路要素数据;二是要利用既有数据,通过一套计算规则进行计算,达到预告、预判、自主决策的能力。针对以上情况,研究基于 BIM、GIS 和物联网技术建立高速公路的数字孪生模型,并基于数字孪生模型开展公路项目的智慧化管控,如图 5-11 所示。制定相关数据标准,建立了立体化的感知体系,研发了项目管理知识库,开发了适用于公路桥涵结构的项目智慧管控平台。

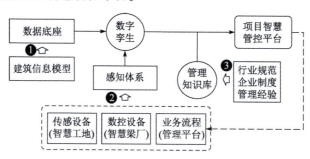

图 5-11 基于数字孪生的协同管理平台技术方案

研发的 C-P 管控平台以实现项目全过程数字化管控为目标。平台数字化设备和装备覆盖设计、工厂、工地等主要建设场景，覆盖建造过程数据 90% 以上，形成由 BIM 模型、数字化设备和知识库共同构建的数字化管理体系。

5.3 三维正向设计数智化设计平台

5.3.1 设计现状与数智化设计需求分析

近年来，随着公路建设的快速发展及行业建设自身的需要，以及智能公路、智慧公路概念的提出、建设和公路功能的拓展，公路工程勘察设计的要求已由以往的粗放设计向精细化设计跨越。但是，公路工程勘察设计行业的技术现状却存在着如下的问题，制约着精细化设计的进一步发展。

现有的公路勘察设计主要特点包括以下几个方面：

首先，公路工程勘察设计标准化体系尚未完全建立，设计标准通用图利用低下，设计文件格式多种多样、版本格式混乱，设计资源的共享程度不高，重复工作量大，差错漏碰时有发生，影响了精细化设计效率。

其次，公路勘察设计公路工程由于牵涉多专业多工种，是一项系统工程。公路工程勘察设计涉及工程量大、专业多、交叉性强，在生产过程中各专业之间、各设计人员之间的沟通、协调、配合的事情非常多，但是生产过程中缺乏专业的工具支持，没有统一的工作平台，会使得各专业设计协调不及时，沟通成本高，配合不够流畅，制约着各专业的精细化设计工作。

再者，缺乏协同的独立个体设计，使各级领导、项目负责人难以及时了解项目进展和质量，掌握设计人员工作状态和项目运行情况，影响项目管理人员做出正确的决策，进而影响了项目完成的效果，难以适应精细化设计的新要求。

因此，开展基于公路工程信息模型的总体设计应用技术研究，开发适合公路建设行业勘察设计协同系统迫在眉睫，该系统的实现可以解决困扰公路建设领域勘察设计阶段存在的各专业之间配合不协调，设计文件传递不畅等问题；可以进行模型化设计、参数化成图，提高设计标准通用图的利用率，提高设计的效率和质量，从技术上杜绝设计差错漏碰发生，增加设计精品；更可以建立勘察设计的协同沙盘，方便各级领导、项目管理人员及时了解项目进度、质量及工作状态。

5.3.2 三维正向设计与三维设计、计算、演示统一模型

统一规则标准构建是开发三维设计、计算、演示统一模型的基础。多专业设计参数驱动标准化规范发展，面向的是公路工程设计阶段，解决多专业设计协同的问题，同时还要向施工运维的不同阶段提供数据服务，实现公路工程全生命周期信息的交换、共享。因此，研究对象需要包括各个专业设计阶段的数据定义，建模标准、分类及其编码，模型信息挂载的方式等内容。

各个专业设计阶段的数据定义，包括路线、路基、路面、桥梁、隧道、涵洞、路线交叉、交通工

程及沿线设施等专业,分解各个专业用于共享设计成果的数据,按专业分为不同的数据空间和数据结构。数据结构定义遵循完整性、清晰性、可读性原则,能够准确地描述专业对象的数据和行为特征。

建模标准、分类及编码,应符合国家和行业有关标准的规定。信息模型应满足不同阶段相应深度的要求,包括几何信息和非几何信息。模型信息挂载方式的研究,采用三维模型与参数化标准数据文件分开存储的方式,研究各专业参数化数据的存储格式、三维模型与数据文件的检索方法等。开发中首先完善信息语言标准定义,再开展统一设计平台开发。

(1)信息语义标准定义

信息分类和编码标准是建立标准的语义和信息交流的规则,为建筑全生命周期的信息资源共享和业务协作提供有力保证。它不仅仅是一个数据模型传递数据的格式标准或者分类标准,还包括对 BIM 各参与方进行数据交换或数据模型交付所需要的内容、节点、深度和格式的规定,对实践流程与管理的规定等。建筑业的信息化尤其依赖在不同阶段、不同专业之间的信息传递标准,即需建立一个全行业的标准语义和信息交换标准,否则将无法实现 BIM 的整体优势和价值。

将公路工程主要信息要素进行分类、统一编码,指导和规范合枞高速公路以及安徽省公路工程全生命周期 BIM 技术的应用。标准对公路工程构件、公路工程产品、公路工程工艺等信息内容进行分类,并规定其用法,可以实现主要工程数据和信息的准确表达和有效传递。这有利于实现 BIM 技术与云技术、大数据、物联网、GIS 等技术的集成应用,形成可复制的推广经验,从而促进安徽省公路工程建筑信息模型技术的应用和推广,推进公路行业的信息化和可持续发展。

①建筑全生命周期的信息要素

建筑信息模型中信息的分类是我国建筑工程一个新的分类系统,将在很多领域广泛应用。从图书馆资料管理、产品说明、项目信息,直至为电子数据库提供分类体系均会使用。它是针对工程建设领域制定并作为信息分类的标准原则使用,贯穿了建筑从概念期到报废期甚至回收期的全生命周期。它也包括了构成建设环境的所有建造工程。为了建筑工程全生命期应用信息化,有必要将建筑工程中所涉及的对象进行分类。

在《建筑信息模型分类和编码标准》(GB/T 51269—2017)中,将建筑工程中涉及的对象划分为建设资源、建设进程、建设成果和建设属性四大部分。依据上述四大部分,进一步将建筑信息分为 15 大类。

15 个分类表基本涵盖了工程建设领域的资源(人、材、机)、建设进程(不同阶段和管理行为)和建设成果。但是,以上分类主要偏重于民用建筑工程,且未能对公路建设所采用的方式进行分类,使得 BIM 技术无法在施工阶段发挥有效作用。

以国内外标准为参考,从项目管理需求出发,梳理在高速公路工程全生命周期内对信息交互的需求,研究确定需要建立的信息分类表及其编码标准。

创新性地提出了公路工程构件、公路工程施工工艺、公路工程产品、公路工程地质地形分类表,用来描述建设公路工程的构件类别,弥补了原国家标准中对于公路工程建筑信息模型分类的缺失。其中,工艺分类决定了施工工序,以及与工序相关的资源、工期、相关危险源及质量控制要点等信息,是施工阶段各信息平台进行信息交互必不可缺的信息要素。

②公路信息模型的信息分类和编码

根据公路工程建设阶段信息交换的需要,重点研究了公路工程构件、公路工程施工工艺、公路工程材料三个分类表。

"公路工程构件"分类方式是按构件的功能进行分类。但在实际操作过程中,存在两种不同理解,一是按构件在系统中的功能进行分类,二是按构件自身所能发挥的功能分类。

施工工艺即利用生产工具对各种原材料、半成品进行增值加工或处理,最终使之成为制成品的方法与过程。施工工艺决定了施工所需的原材料、机械设备、人员、施工工序以及施工组织方式。因此,它与施工过程中的进度、质量、安全和造价密切相关,是施工阶段信息交换的重要依据。

公路工程材料主要用于施工组织过程中对原材料的管理,包括原材料的计划、质量控制、仓储管理等。结合安徽省公路项目预制程度高的特点,在行业标准的基础上大幅增加了预制构件分类。

(2)统一数据模板开发 B-P 设计平台

在统一的规则前提下,基于统一数据模板开发 B-P 设计平台,研究三维数字模型统一转换技术,建立三维数字模型文件转换系统(T-S),如图 5-12 所示,进行设计、计算、演示三维数字模型转换,解决了多平台三维数字模型互通的难题。

图 5-12 数智化设计平台——B-P 设计平台

一个完整转换过程包括以下内容:

①基于三维设计系统(D-S),建立三维设计数字模型,进行三维概念设计和三维变参数优化,输出三维设计数字模型格式文件。

②通过三维数字模型文件转换系统,将三维设计数字模型格式文件转换为三维计算数字模型格式文件。将文件导入进三维计算系统(C-S),进行结构计算分析和结构变参数优化,输出三维计算数字模型格式文件。

③通过三维数字模型文件转换系统,将三维计算数字模型格式文件回传为三维设计数字模型格式文件。导回文件进三维设计系统,进行三维正向设计,输出各设计成果,输出三维设计数字模型格式文件。

通过三维数字模型文件转换系统,将三维设计数字模型格式文件转换为三维演示数字模型格式文件。将文件导入进三维演示系统(V-S),进行三维数字孪生,输出多层次图形,实现电子沙盘上的数字工程演示。各设计成果除常规工程设计文件外,还包括三维设计数字模型,为桥梁提供三维化数控预制安装数据,生成复杂结构的三维加工图、三维加工数字模型,推动构件精准化加工。由此实现信息化模型的一次建模全过程使用,如图5-13所示。

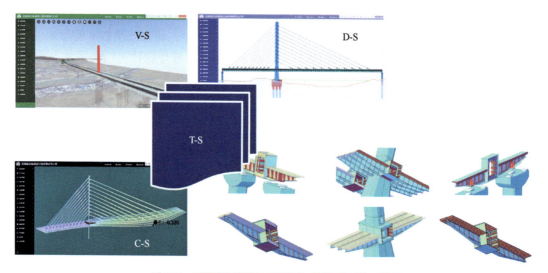

图 5-13　三维正向设计与三维设计、计算、演示统一模型

5.3.3　三维变参数构件库

如图5-14所示,建立三维变参数构件库,覆盖全结构轻型工业化建造系列结构体系。根据桥梁的现有设计流程和桥梁BIM三维技术的应用特点,设计适用于桥梁工程数据的存储架构,形成数字化桥梁设计成果的存档与管理系统,实现基于标准化构件库的桥梁三维设计。构件是在桥梁三维信息模型(BIM)中可供重复使用的模型单元,通过规范的构件设计与审核流程后进行存储,从而形成标准化的资源库。基于构件库的桥梁三维设计更好地表达了设计意图,将工业化的标准件以及装配思维融入桥梁工程中,设计中通过调用构件、修改参数、定位装配等一系列操作形成桥梁设计成果,实现设计资源的积累以及知识库的批量应用。

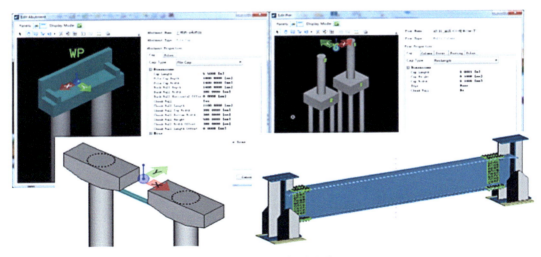

图 5-14　三维变参数构件库

5.3.4　六大智慧系统

以三维正向设计数字化设计平台为基座，针对设计过程的关键节点需求开发了设计平台的六大智慧系统，包括云勘察系统、云外业系统、智绘方案系统、智云出图系统、知识助手、数字交付系统等。通过系列成果的全面应用，已初步实现对企业勘察设计工作的整体升级改造，系统性打造了勘察设计新模式。通过云平台和协同设计系统，为设计师提供了一个云端协同设计环境，实现了并行有序推进设计工作，资料及数据实时共享，减少了因信息不对称产生的反复和变更，实现了进度质量的全面可控。GIS 外业云系统支持标绘数据、智能计算桩号、方位，拍摄实景照片、绘制草图，数据更加准确和直观，解决了"采集难"的问题。基于 GIS 一张图填报时，绘制点、线、面图元后，系统根据算法自动计算出当前图元对应的桩号、相对于路线的位置和距离。通过知识库实现了企业技术和经验的积累和传承，通过基于知识库和 AI 技术开发的工程领域知识图谱，实现了知识的主动推送和智能辅助，系统地提升了设计质量和效率。

B-P 设计平台赋能人工智能技术，利用 AI 深度学习行业研究成果、规范、案例和参考图，建设知识图谱和知识库。创新性地建立了智慧化辅助工作模式，开发知识助手、智绘方案系统，实现全过程在线智能推送和辅助查询，有利于经验技术成果复用和传承，提升员工业务能力和设计品质。该平台助力出图品优高效，开发了勘察设计全过程系列智能化工具，实现采集数据一键成表、指标数据一键对比、参数化数据一键成图、交叉数据一键核对、成果图纸一键出版，工作效率和成果品质显著提升。

5.4　设计、工厂、工地数字场景交互式决策平台

5.4.1　设计交互式数字场景

发展设计交互式数字场景，如图 5-15 所示。研究团队开发了设计过程交互应用技术，统一了构件编码规则，规范了三维构件开发准则，以云平台为中心，实现多专业同平台交互配

合设计,实现了多专业多次人交互设计与信息集成。设计交互式数字场景实现了成果集成可视开发 BIM + GIS 工程的数字交付系统,实现了工程全景多专业全要素的数字孪生,打造了工程全生命周期数据底座,也实现三维可视化展示,为勘察、设计、管理多方协作和后期建管养提供可查询、可迭代的电子沙盘。

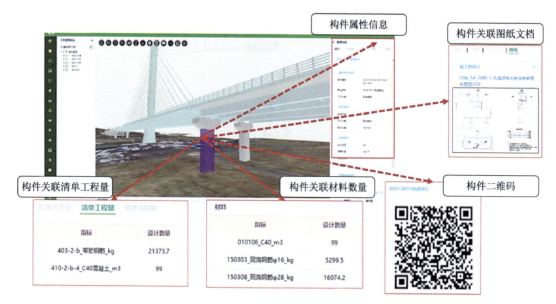

图 5-15　设计交互式数字场景

5.4.2　工厂交互式数字场景

将工业化预制构件 BIM 设计数据导入模板控制系统,实现桥梁构件拼装模板的自动化调节、精准化控制。利用数字扫描件技术对预制混凝土构件、生产模板的尺寸、外观变形开展自动化检测,如图 5-16 所示。通过检测数据自动判别与分析,对模板系统调整控制,混凝土浇筑速度等工艺细节进行闭环反馈调整,迭代优化工艺细节。

图 5-16　工厂交互式数字场景

研发了基于 IFC 的设计—施工一体化钢筋数控加工技术。该技术将 IFC 格式的钢筋模型转换为数控加工文件并直接传递到 MEP 钢筋数控加工设备,可以显著提高钢筋的加工效率和精度。

开发并应用了预制生产智能振捣系统,通过在模板上布置多个反力传感器,感知识别混凝土位置。建立傅里叶级二维分布函数,运用神经网络学习系统,描述感知与振捣的相关性网络函数,国内首次研发可自动识别混凝土分布的分区振捣技术,合理准确驱动模板上附着式振捣器的工作。研发可自动识别混凝土分布的分区振捣技术,解决混凝土振捣中"漏振、空振"问题,提升构件混凝土的均匀密实度。

形成了基于多源数据的数智化建造的过程质量评价体系,完善了生产实时监测中产品质量评价体系。集成了成套的物联感知设备,实现了预制构件生产过程的工艺数据全感知,基本覆盖了预制生产各环节主要数据的检测与监测。基于施工过程工艺数据、成品检测数据,开展预制构件的多元数据质量评价,运用统计学和模糊数学的综合评价方法,确定建造过程中质量的控制性指标。改进 AHP 法确定各指标权重,建立评价等级矩阵,根据最终的识别原则得到的控制等级,形成融合过程工艺与检测多源数据的质量评价体系与指标体系,并建立相应的评价分级体系。

5.4.3　工地交互式数字场景

运用物联网技术改进建造监测、质量检测等数字化设备,完善了工业化建造各场景感知与监测体系。运用 RTK-GNSS、NB-IOT 等物联感知技术,对原材料、混凝土、构件主要检测设备进行数字化改造,形成适应行业管理要求的物联网试验检测管理平台,运用电子签技术形成项目质量检测档案资料,实现基于物联网的公路工程质量检验与管理。通过数字化智能建造研究与应用,实现数字化设备和装备在项目试验检测、预制工厂、现场施工等各个场景的应用和互联,如图 5-17 所示。

图 5-17　工地交互式数字场景

推进 BIM + GIS + 智慧工地融合发展,实现公路项目全域数据采集。针对传统工地数据得不到充分利用的问题,将智慧工地感知数据纳入 BIM 标准体系,结论性数据被推送并记录到 BIM 模型中。通过 BIM + GIS + 智慧工地融合技术,智慧工地自动采集施工现场数据并上传至 C-P 管控平台,在减少数据人工录入量的基础上,有效地解决了 BIM 模型中数据不真实、不完整的问题。在关键环节,智慧工地数据直接参与流程审批,减少了人工审批造成的时间延误。

以预制 T 梁的预应力孔道压浆施工为例,其全过程的信息管控数据主要来源及相关信息情况见表 5-9。

预应力孔道压浆施工全过程信息管理数据来源　　表 5-9

信息类别	中文描述	信息来源
静态信息	工程名称	BIM 模型
	工程部位	BIM 模型
	每束钢丝数	BIM 模型
	图号	BIM 模型
	梁(段)号	BIM 模型
业务审批信息	进度信息(开工时间、完工时间、验收时间)	业务管理系统
	质量信息(现场测量和外观质量)	业务管理系统
	安全管理信息(巡查情况、问题处置情况)	业务管理系统
	计量支付信息	业务管理系统
数控设备	压浆方向	智能压浆机
	时间起止	智能压浆机
	压力	智能压浆机
	通过	智能压浆机
	冒浆情况	智能压浆机
	停留时间	智能压浆机
	压浆日期	智能压浆机
	水灰比	智能压浆机
感知设备	空气温度	环境监测设备
	水温度	环境监测设备
	水泥浆流动度	智慧试验室
	压浆温度	环境监测设备
	泌水度	智慧试验室

5.5　智能化制造安装装备与工法研究

5.5.1　数字长线短线匹配工法

研发了短线匹配数字长线拼装的节段梁桥预制安装施工过程数字化线形控制交互技术,如图 5-18 所示。基于空间标记点与关键尺寸检测数据,以空间变换矩阵消除平纵分离偏差,由基面几何关系剥离测量异常数据,更新节段三维模型,匹配空间现状,映射反馈前一个预制节段的预制生产与安装施工,实现模型孪生与生产同步。

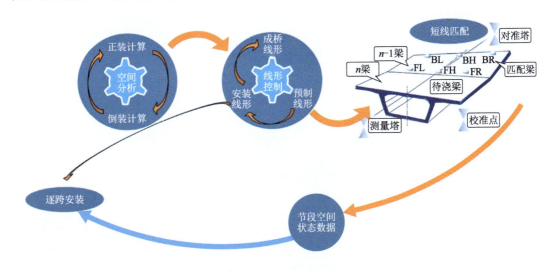

图 5-18　数字长线短线匹配工法

5.5.2　智慧工厂智能分区振捣环形生产线开发

根据已有调研及工程实践经验,建筑行业预制混凝土构件采用的自动化生产线模式主要分为固定模台生产线和环形流水生产线两种。工厂建设应根据自身技术条件和生产需要合理选择。分析构件生产智慧工厂建设的总体需求,选定环形生产线方式进行预制构件的流水生产。环形生产线是一种模台移动式生产线,又称机组流水法生产线。这种生产线采用高精度、高结构强度的成型模具,经布料机把混凝土浇筑在模具内,振动台振捣后并不立即脱模,而是经预养护和蒸汽养护,使构件强度满足设计强度时才进行拆模处理,拆模后的 PC 构件运输至产品暂存区或室外成品堆放区,而空模台沿输送线自动返回,形成了自动化环形流水作业。相比于固定模台生产线,环形生产线是一种自动化程度较高的生产线模式,其主要设备一般包括模台、模台清理机、喷涂机、布料机振动台、拉毛机、抹光机、预养护窑、码垛车、养护窑、翻转机、支撑轮、驱动轮和摆渡车等。机组流水法生产线能够达到很高的自动化和智能化水平,对于标准且出筋不复杂的预制混凝土构件,可形成全自动化或半自动化生产线,大量减少人工生产力,减轻劳动强度,节约能耗、提高效率,适用于生产标准化的楼板、墙板类预制混凝土构件或无装饰层墙板的制作。但是由于流水线工艺的自动化程度较高,其投资较大、回报周期长、后期维护费用高,且对操作人员的要求比较高。

基于生产要求,制定了智慧梁厂的空间布局,以产能分析为基础,统筹施工各环节的要素配置。合理布置钢筋加工区、混凝土拌和区、预制生产区、构件存放区的区域面积。以生产线为导向,规划各区域的空间立体布设,如图 5-19 所示,适配智能化生产的需求。

针对当前预制构件生产线主要以固定模台生产线为主,采用固定模台占地面积大、人工消耗量大,多数情况下生产效率低的技术问题,结合流水线生产的需求,研究提出了一种环形生产线布置方式,见图 5-20,以工艺流动路线为中心,建立移动梁板台座循环轨道,桥涵构件生产各工艺设施沿生产流动方向布置的综合环形生产线,在预制构件的建造成本、时间效率、产品稳定性等方面取得了良好的综合效益。

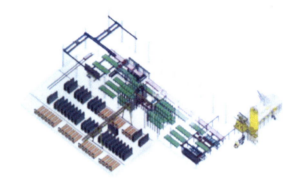

图 5-19 生产线空间布置

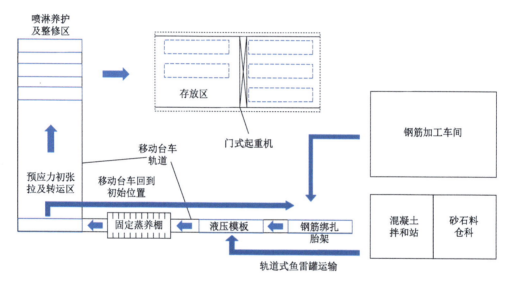

图 5-20 综合环形生产线设计

基于综合环形生产线的设计及桥涵构件生产工序需求,开发了桥梁构件智能生产主要装备,形成了配合环形智能生产的智能鱼雷罐运输系统、智能调整布料机、智能感知控制分区振捣系统,见图 5-21,满足了梁板构件自动生产的要求,形成了与智能化生产相适应的技术标准。

针对智能装备在桥梁构件生产中系统集成难,综合优势发挥不足的难题,研究以智能高效生产为核心,结合轻型化构件特点,在智能设备选型的基础上,对梁板构件钢筋加工、混凝土运输、浇筑、振捣、养生、移运等生产环节智能装备的功能参数与控制系统进行优化匹配。研发出涵盖智能生产主要环节的装备集成技术,实现多机联动控制,升级系统效率。

a)数控鱼雷罐　　　　　　b)自动布料器　　　　　　c)智能液压模板系统

图 5-21　"数控鱼雷罐+布料器+液压模板"自动化浇筑系统

5.5.3　智能化安装设备开发

为了更好地推进智能建造的技术进步,逐步形成智能建造的技术体系,在研究中根据项目实践中工地施工的需求,对智慧工地技术进行了探索研究。

（1）RFID 定位系统

开发了构件智能感知预警系统,实现了构件安装位置信息的精确定位。通过在自动识别梁体预埋 RFID 芯片与 BIM 构件编码库和自动核对识别构件的安装位置,利用预设标靶快速扫描识别技术,对构件的安装精度进行判别,指导构件的快速高精度安装。该系统的应用适应了大批量生产构件管理的需求,能够协助完成构件的识别、标记与追踪,通过与管理系统的关联,实现了构件全生命周期的跟踪监测。

（2）钻、打组合成装机

针对预制管桩打桩的精度控制能力,研发预制管桩智能钻、打组合成桩机,如图 5-22 所示。通过管柱中空管道配置辅助引孔钻头,对管桩下打过程中遇到的不均匀地质进行辅助应用,解决复杂地质管桩插打困难问题,提高管桩的施工效率和精度。成桩机器中设置智能控制模块,通过预设打桩单次锤击贯入度控制值智能判别公式,建立打桩中各参数之间的内在关系,提高对打桩过程和成桩承载力的控制水平。

图 5-22　钻、打组合成桩机

（3）梁、柱一体架桥机

结合墩柱、盖梁、轻型 T 梁和钢板组合梁的施工安装特点,在传统架桥机的基础上,研发梁、柱一体架桥机,如图 5-23 所示,利用桥机自设可调整前支腿,完成了装配式桥墩、盖梁、主梁的一体化安装。研发了三级顶升系统前支腿设计,实现了前支腿的大位移调整,满足了不同地形条件下施工的要求,实现上下部构造一体化施工安装,安装施工效率提升30%。

图 5-23　梁、柱一体架桥机

（4）梁、板一体架桥机

结合非支撑横梁体系钢板组合梁桥的结构特点,研发钢板组合梁桥梁、板一体架桥机,如图 5-24 所示,利用同一台架桥机,桥面板滞后钢梁一跨安装。利用已安装结构作为运梁通道,配合尾部喂梁,实现了钢板组合梁桥的梁板一体化架设。通过使用这套设备,实现了钢板组合梁桥结构的不落地施工,具有很好的实用价值。

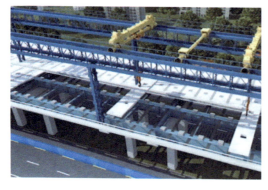

图 5-24　梁、板一体架桥机

（5）下行式架桥机

既有技术中节段梁桥安装施工的设备以上行式架桥机结构为主,这种设备在安全与功效上仍有改进的空间。结合逐跨拼装全体外预应力节段梁桥的施工特点,研发了节段梁桥下行式架桥机,如图 5-25 所示。在架桥机主桁上设置移动小车、定位支架,进行节段运输就位、姿态调整和精准安装。下行式架桥机将所有作业转化至稳定的主梁顶面或操作平台上,减小了高空作业施工的安全风险。与传统的上行式架桥机相比,无须提前安装墩顶节段,对桥机的过孔和支撑限制因素更小,单跨节段安装效率可由 7 天缩短到 5 天。

图 5-25　下行式架桥机

5.6　本章小结

以高速公路全生命周期信息集成应用为目标,重点实践了信息的产生、集成以及协同应用,研发与改进了关键技术,建立了安徽省公路工程 BIM 技术标准体系,实现了倾斜摄影测量与 BIM 模型的集成与应用,利用 BIM 技术提升了安全管理水平,基于项目管理平台实现了多维度协同管理。研究破解了信息在高速公路全生命周期的难题,并为项目建设和管理赋能。建立了符合全生命周期应用需要的 BIM 技术标准,采用可靠的技术方案,以融入项目管理流程的方式,解决了多源异构信息集成和应用的问题,保证了数据在施工阶段得到有效的利用。

基于智能管控技术和数字化内核开发了数字化管控平台,解决了全程数字化技术协同的难题。建立了三维正向设计模式和三维变参数构件库,基于数字模型的转换统一了三维设计、计算、演示模型,建立了设计、工厂、工地交互式数字场景,覆盖设计、制造、安装的全过程。

开发了适宜工业化建造的构件预制生产智能生产成套技术,涵盖了智能厂建、流水生产线智能分区布置技术与智能设备配置及智能化生产工艺。开发了智能打桩设备,钢板组合梁一体化架设桥机,下行式节段梁智能安装设备,研发梁、柱一体架桥机,形成了对应的生产工艺,提升了施工效率与施工品质,并降低了施工能耗。

第 6 章
CHAPTER 6
总结与展望

6.1 成果总结

本书研究团队以公路工业化全过程绿色建造为目标,在大量工程实践和研究的基础上,系统地研究与应用公路桥涵工业化建造技术,并持续进行升级与改进,在公路工业化评价方法、桥涵精细化计算方法、轻型结构体系开发及智能建造等方面取得了显著的进步。通过技术的系统应用,在公路工业化质量、效益和效率上取得了新的突破。

针对行业面对的复杂形势和工业化建造存在的深层问题,延伸问题导向,结合数字技术,发展公路工业化评价方法和桥梁轻型化设计理论,创新工业化新型桥梁结构和管控系统,建立统一数字技术的快速、集约、绿色、低碳的建造体系,如图6-1所示。建立并实施的解决方案具有明显的技术经济优势,统一了工业化认知,创新了工业化桥梁结构,建立了信息化管控体系,更符合行业发展的要求,技术领先,市场竞争力强。

图6-1 统一数字技术的快速、集约、绿色、低碳的建造体系

公路工业化节地、填挖平衡、降碳三要素评价体系解决了公路工业化的理论难题。提出了工业化评价系数及评价指标,用于公路工业化全过程绿色建造,可降低路线高度0.5m以上,减少填挖不平衡80%以上,减少用地和造价10%以上。

结构精细化计算方法克服了公路工业化的设计障碍,提出了全新的楔形截面综合抗剪、体外索承梁极限承载、柱式塔子构件偏心抗压、钢筋交叉回转连接、体外拉索偏转防护、一体化桩墩精准打入等计算方法,试验偏差小于10%。

桥梁轻型化技术体系突破了公路工业化的结构困扰,首创了全装配桩板式道路,创新了路桥融合的建设理念,破解了土地资源制约难题,减少用地约50%。研发了轻型T梁、少主梁钢板组合梁、全体外索箱梁、大跨径模块化组合桥梁、薄壁通道、组合墩台等,创新了全装配轻型化桥涵,减少用材和造价约15%。

工程数字化管控平台:解决了公路工业化的协同难题,建立了三维正向设计模式和三维变参数构件库,基于数字模型的转换统一了三维设计、计算、演示模型,建立了设计、工厂、工地交互式数字场景,覆盖设计、制造、安装全过程。

研究形成的公路桥涵工业化建造技术体系先后在跨江桥梁群、新建高速公路,改扩建高速公路、市政道路等国内外近20项重大工程中应用,如图6-2所示,规模大于150km,投资大于140亿元,成果转化达到100%。以合枞高速公路为例,公路分段桥涵配置优化,桥涵占比由27.3%提高到38.1%,占地节省80万m^2,借方由1257万m^3降为218万m^3,投资节余15.35亿元(占总投资的14.9%),树立了公路绿色建造的新标杆,成为交通运输部公路工业化建造的科技示范工程。

图6-2 成果转化与工程应用

同时,工业化理论助力了安徽省交通规划设计研究总院股份有限公司推进数智设计院项目,轻型化桥梁支持了安徽省交通控股集团有限公司成立公路工业化公司,智能化建造指导了一大批工程建设项目完备工业化生产基地。安徽省交通控股集团有限公司在公路桥涵工业化方面主要技术取得的发明专利见表6-1。

主要技术取得的发明专利成果　　　　　　　　　表6-1

序号	发明专利名称
1	桥梁体外预应力拉索变基面设计方法
2	一种回转式钢筋混凝土湿接缝设计方法
3	一种用于墩柱拟静力试验的反力装置
4	一种用于主梁大悬臂混凝土翼缘的性能调节装置及其构建方法
5	小半径大转角摩擦型鞍座锚索系统磨蚀-疲劳通用试验台
6	一种用于斜拉桥分丝夹持型鞍座的设计方法

续上表

序号	发明专利名称
7	一种用于斜拉桥同向回转拉索的设计方法
8	一种减振装置及其参数调整方法
9	一种连续梁模型试验的验证方法
10	一种结构抗压模型及其设计方法、装置和设备
11	一种斜拉桥主、边跨恒载配置方法
12	一种桩板结构桥面板与路基的连接装置
13	一种斜拉桥混凝土索塔用锚拉板
14	一种多功能锚管型锚拉板
15	一种 L 型装配式钢筋混凝土挡墙型通用通道洞口
16	管型混凝土桥墩
17	一种混凝土柱板连接铰结构及连接方法
18	一种装配化墙板、桩板组合式无土路基
19	一种包含多重剪力键的柱板连接装置
20	一种利用三维模型进行防眩设施高度验证的方法
21	用于桥梁梁底形态测量的三维激光扫描仪辅助支架及方法
22	一种利用照片获取公路构件施工气象环境的 BIM 模型方法
23	一种基于桥梁的三维模型构件索引文档的方法
24	一种钢混组合梁桥面板应力长期监测方法
25	一种装配式通道弧形顶板的内壁半径的测量检验方法
26	基于构件极限承载比的大跨度斜拉桥内力监测设计方法
27	一种大体积混凝土自适应温度与应力控制方法
28	一种公路改扩建工程的网状吊杆拱桥分幅建造方法
29	一种匹配预制桥面板的预制线形控制方法及存储介质
30	一种预制管桩打入方法
31	一种一体化桩墩施工方法
32	一种用于斜拉桥同向回转拉索的张拉方法
33	一种体外索承梁及其承载能力分析方法、装置和设备
34	体外拉索极限应力及体外拉索加劲梁截面强度分析方法
35	一种结构抗压模型及其设计方法、装置和设备
36	一种同向回转拉索的防护方法
37	一种拼接桩板式道路的设计方法
38	结构腹板及其抗剪设计方法
39	一种楔形截面充分抗剪设计方法及装置
40	一种楔形截面组合抗剪设计方法及装置
41	一种基于楔形截面抗剪模型的抗剪设计方法及装置

续上表

序号	发明专利名称
42	一种回转式钢筋混凝土湿接缝设计方法
43	一种四索面同向回转斜拉索-悬索协作体系桥梁
44	一种预制墩、板筒形剪力撑连接结构
45	一种预制墩、板十字剪力撑连接结构
46	一种预制墩、板悬浮式筒形剪力撑连接结构
47	一种装配化路面用预制梁板节段组
48	一种智慧梁场自动化喷淋设施
49	一种蒸养窑温度分仓控制设备的自适应控制方法
50	一种空心板梁桥铰缝横向传力能力的快速评定方法
51	一种对混凝土振捣质量实施监测的方法和系统

6.2 展望

公路建造是土地、材料、能源消耗大户和排碳大户,"绿色建造"责任重大,"创新模式"压力巨大。如何通过及时地转型节约资源,保护环境,提升品质,已成为当务之急。我国的公路桥涵工业化建造将持续以全过程绿色建造为目标,升级解决方案,不断解决公路工业化质量、效益和效率上的问题和矛盾,在资源、环境、品质等方面取得良好的综合效果,更符合行业发展要求。后续推广应用前景广阔,技术规模化转化效益巨大。同时,公路桥涵工业化建造在设计理论改进、工业化结构构造优化、建造全过程数字孪生、智能化装备开发等方面仍有很大的探索与实践的空间。

随着"创新、协调、绿色、开放、共享"新发展理念的持续推进,交通基础设施建设的转型持续进步,公路桥涵工业化技术也必将迎来更加蓬勃的发展。在基础理论、建造装备与建造技术、智能建造等方面将会持续进步,更好地服务国家战略转型的总体规划。

参考文献

[1] 张曙.工业4.0和智能制造[J].机械设计与制造工程,2014(8):1-5.
[2] 沈祖炎,李元齐.建筑工业化建造的本质和内涵[J].建筑钢结构进展,2015,17(5):1-4.
[3] Andreas Kahlow. Bridge-building and Industrial Revolution[C]. Proceedings of the FirstInteinational Congress on Construction History, Madrid. 2003.
[4] D Ekstrom, Rempling R, Plos M. Industrial bridge building-An effective bridge construction process through an integrated design and construction process[J]. 2014.
[5] Johan Larsson. Mapping the Concept of Industrialized Bridge Construction: Potentials and Obstacles [J]. Lulea University of Technology,2012.
[6] Vorsa, Vladimir. Standardized structures for rapid bridge construction[R]. IABSE reports. 1991. 204-205.
[7] 张喜刚,刘高,马军海,等.中国桥梁技术的现状与展望[J].科学通报,2016(4):415-425.
[8] 王少峰,杨志君,朱海荣.东海大桥预制墩柱海上架设施工[J].城市道桥与防洪,2004(6):92-94.
[9] 王莉莉.钢-混组合桥梁预制桥面板湿接缝构造及传力研究[D].西安:长安大学,2017.
[10] 中华人民共和国交通运输部.公路钢筋混凝土及预应力混凝土桥涵设计规范:JTG 3362—2018[S].北京:人民交通出版社股份有限公司,2018.
[11] 中华人民共和国交通运输部.公路桥涵设计通用规范:JTG D60—2015[S].北京:人民交通出版社股份有限公司,2015.
[12] 王冬.我国新型建筑工业化发展制约因素及对策研究[D].青岛:青岛理工大学,2015.
[13] 毛超,彭窑胭.智能建造的理论框架与核心逻辑构建[J].工程管理学报,2020,34(5):1-6.
[14] 樊启祥,林鹏,魏鹏程,等.智能建造闭环控制理论[J].清华大学学报(自然科学版),2021,61(7):660-670.
[15] 尤志嘉,郑莲琼,冯凌俊.智能建造系统基础理论与体系结构[J].土木工程与管理学报,2021,38(2):105-111+118.
[16] Liu K, Meng Q, Kong Q, et al. Review on the Developments of Structure, ConstructionAutomation, and Monitoring of Intelligent Construction[J]. Buildings,2022,12(11):1890.
[17] 吴宇迪.智慧建设理念下的智慧建设信息模型研究[D].哈尔滨:哈尔滨工业大学,2015.
[18] 陈翀,李星,姚伟,等.BIM技术在智能建造中的应用探索[J].施工技术(中英文),2022,51(20):104-111.
[19] 王攀学.桥梁工业化数据与效率优化分析[J].安徽建筑,2024,31(4):90-91.
[20] 宋国庆.桥梁混凝土梁板工业化智能制造技术应用分析[J].安徽建筑,2024,31(3):42-43.
[21] 黄国清,孙向东,邱志雄.高速公路工业化预制拼装桥梁总体设计[J].交通世界,2023,(35):131-133.
[22] 傅青松.基于摄影测量的短线匹配节段预制拼装桥梁预制测控技术研究[D].上海:同济

大学,2022.

[23] 夏凡,王安辉,张瑞兴,等.装配式高架桥工业化智能制造与安装关键技术研究与应用[J].安装,2022,(S1):61-62.

[24] 来猛刚,杨敏,翟敏刚,等.桥梁工业化智能建造[J].公路,2021,66(7):195-202.

[25] 王志刚,孙贵清,余顺新,等.公路桥梁装配式桥墩工业化快速建造技术[J].公路,2021,66(6):145-150.

[26] 《中国公路学报》编辑部.中国桥梁工程学术研究综述·2021[J].中国公路学报,2021,34(2):1-97.

[27] 南松霖.装配式钢板—混凝土组合梁桥技术研究[D].长春:吉林大学,2020.

[28] 许大晴,丁楠.公路桥梁下部结构工业化建造技术的研究[J].工程与建设,2019,33(5):810-811.

[29] 张云龙,朱原稷,王静.装配式组合梁发展研究综述[J].四川水泥,2018,(12):344.

[30] 高谐民.中小跨径梁桥装配化形式与组合梁桥承载力研究[D].西安:长安大学,2018.

[31] 周良,闫兴非,张凯龙,等.工业化全预制桥梁设计施工关键技术研究及应用[J].建设科技,2018,(16):53-55.

[32] 周荣峰.钢桥建设已成行业共识——解读《关于推进公路钢结构桥梁建设的指导意见》[J].中国公路,2016,(15):59-63.

[33] 汪逊.节段预制拼装桥梁的建筑信息模型(BIM)关键技术研究[D].南京:东南大学,2016.

[34] 李洁,周佶,徐秀丽.基于BIM的混凝土桥梁标准化建模技术研究[J].江苏建筑,2016,(2):64-65+89.